"地域密着型"モデルで勝ち抜く

実践! 法律事務所経営マニュアル

弁護士 松本 常広 [著]

ぎょうせい

はじめに

　弁護士業界が競争時代に突入したといわれてしばらく経ちました。この間、弁護士業界にもマーケティング理論が持ち込まれ、分野特化、ワンストップ、Webマーケティングなど効率的に事務所を経営するための手法が注目を集めています。その一方で、企業内弁護士、公務員弁護士という働き方も広がっています。弁護士業界は、時代の変化に対応するために試行錯誤を続けている状況にあるといえます。

　では、普通のマチ弁はもう時代遅れなのでしょうか。本書の問題意識はここからスタートしています。町医者のように、町の弁護士として分野を問わず地域の住民や法人から相談を受けて法的問題の解決に当たる、これが一般的なマチ弁のイメージだと思います。このマチ弁モデルは、競争時代の中で限界を迎えているのでしょうか。

　本書は「地域密着」という、ともすればこの業界で使い古されたキーワードに焦点を当てて独立開業・事務所移転、そして新規顧客開拓のノウハウを解説したものです。独立開業を考えている若手弁護士や事務所経営に危機感を持ち始めている弁護士の不安を解消することが本書の狙いですが、さらにその先にマチ弁モデルを再構築することも目指しています。

　本書の中で詳しく述べていきますが、地域密着型の法律事務所を掘り下げていけば、普通のマチ弁として事務所を経営していくことはこれからも十分に可能です。むしろ地域密着型のマチ弁モデルこそ、競争激化の時代に優位性があると著者は考えています。もちろん競争が激しくなっていること自体は事実ですから、従来のマチ弁像に修正を加える必要はあります。しかし、マチ弁が持つ自由さ、社会的役割を維持できることに比べれば些細な修正ですし、また、その修正は「法の支配を社会の隅々に」という今や評判の悪い司法制度改革の理念に沿うものでもあります。

　著者は、弁護士が過剰であるといわれる東京23区内で約3年半前に独立開業した弁護士です。地縁のない場所で、国選や法テラス、同業者からの紹

介案件にはほぼ頼らず、地域密着をコンセプトに事務所を立ち上げて経営しています。本書で取り上げるノウハウの多くは著者の実体験を基にしたものです。抽象的な方法論ではなく、可能な限り具体的な「あてはめ」レベルに落とし込むよう心がけました。また、首都圏だけではなく、地方においても活用可能なノウハウを載せています。本書を実践していただければ、独立開業できる、事務所を経営できる、そういったレベルを目指しました。

　本書では、既存の顧客、紹介者がいない状態でゼロから独立開業・事務所移転することを想定しています。また、資金も潤沢ではなく、競争激化で同業者にも頼れないという状況を前提としています。そのため、かなりシビアな環境を念頭に各記述を行っています。もっとも、特に地方においては、そこまで過酷な環境に置かれるということはまだ多くはなく、本書のノウハウを徹底しなくとも、事務所を軌道に乗せることは難しくないでしょう。著者自身も、必ずしも本書で述べたことを徹底できているわけではありません。しかし、弁護士人口は今後もしばらく増え続けます。今は余裕があっても今後はどうなるか分かりません。少しずつ対策を講じておけば、競争激化の波に翻弄されずに済むのではないかと思います。

　なお、本書は、独立開業のみならず、既に開業している弁護士が事務所を移転する際にも活用できるような内容になっています。便宜上、本文中は「独立開業」「開業」という言葉を使っていますが、「独立開業・事務所移転」「開業・事務所移転」と読み替えていただければと思います。また、本書では弁護士業界内での営業活動についてはほとんど触れていません。この点については業界内で既に多くの情報が出回っているためです。

　最後に、本書が独立開業を目指している若手弁護士や事務所経営に悩まれている弁護士の皆様に少しでもお役に立てれば幸せです。

2017年10月

弁護士　松本　常広

目次

はじめに

第1章　弁護士業界の現状と今後

１　データで見る弁護士業界 …………………………………… 2
２　競争激化で起こり始めた変化 ……………………………… 5
(1) 大規模化　5
(2) 合理化　6
(3) 総合化　7
(4) 専門化　7
(5) 低価格化　7
(6) 広告宣伝費の高騰　8
３　マチ弁が採るべき戦略 ……………………………………… 9
(1) 新分野の発掘　10
(2) 追加的価値の提供　13
(3) 地域密着化　13
４　地域密着型法律事務所という戦略 ………………………15
５　地域密着型法律事務所のメリット ………………………29
(1) 商圏内市場独占　29
(2) 広告宣伝の効率化　29
(3) 先行者利益の確保　30
COLUMN①　即　独 …………………………………………30
(4) 地域貢献　31
(5) 通勤地獄からの解放　32

第2章 事務所開業の準備

- **1** 事業計画の検討 ･････････････････････････････････････ 36
  - (1) 経営理念・ビジョン　36
  - (2) 市場分析・自己分析　37
  - (3) 商圏、ターゲット、提供サービス、実施計画　40
  - (4) 資金計画　40
  - **著者の実体験①** 資金計画 ･････････････････････････････ 44
  - **COLUMN②** マチ弁モデルの再構築 ･････････････････････ 46
  - (5) 事業の見通し　48
- **2** 異業種交流会への参加 ･････････････････････････････ 49
- **3** 所属事務所での事務所運営ノウハウの獲得 ･･････････ 50
- **4** 開業場所の決定 ･･･････････････････････････････････ 50
  - (1) 商圏分析　50
  - **COLUMN③** 商圏内弁護士との付き合い方 ･････････････ 54
  - (2) 現地調査　56
  - (3) 物件選び　59
  - **著者の実体験②** 開業地域の選定 ･･･････････････････････ 60
  - **COLUMN④** レンタルオフィスでの開業 ･･･････････････ 64
- **5** 内装・レイアウト ･････････････････････････････････ 67
  - **著者の実体験③** 物件選択 ･････････････････････････････ 68
  - (1) パーテーション　69
  - (2) オフィス家具　71
  - **著者の実体験④** レイアウト ･･･････････････････････････ 77
- **6** 電子機器、家電 ･･･････････････････････････････････ 80
  - (1) 複合機　80

(2)　電話機　81
　　(3)　パソコン　82
　　(4)　その他　82
　7　事務用品、制作物 ･････････････････････････････････ 83
　　著者の実体験⑤　電子機器など ････････････････････････ 86
　8　看　板 ･･ 87
　9　ウェブサイト ････････････････････････････････････ 88
　10　事務員 ･･ 89
　　著者の実体験⑥　電話代行 ････････････････････････････ 93
　11　挨拶状、事務所開き ････････････････････････････ 94
　12　事務所名 ････････････････････････････････････ 95
　13　弁護士報酬 ･･････････････････････････････････ 96
　　著者の実体験⑦　弁護士報酬 ････････････････････････ 97
　14　営業時間 ････････････････････････････････････ 98
　　著者の実体験⑧　営業時間 ････････････････････････ 99
　　COLUMN⑤　法律相談料の無料化と営業時間 ･･････････ 99
　15　法テラス ･･････････････････････････････････ 102

第3章　地域密着型法律事務所の営業・広告宣伝

　0　営業・広告宣伝の基本的な考え方 ･････････････････ 104
　　(1)　ターゲットと目的　104
　　(2)　二つの軸　105
　1　あいさつ回り ･･････････････････････････････････ 108
　　COLUMN⑥　受任率 ･･････････････････････････････ 110

2　地域活動への参加 ………………………………………… 112
 ⑴　消防団　114
 ⑵　町内会・商店会　115
 ⑶　PTA　115
 COLUMN⑦　職住近接 ………………………………………… 116
 ⑷　地域活性化プロジェクト　117
 ⑸　行政・商工会　117
 ⑹　バー、喫茶店、美容院、マッサージ店など行きつけの店　118
 COLUMN⑧　弁護士バッジ ……………………………………… 118
 COLUMN⑨　アイディアの種 …………………………………… 120

3　無料法律相談会の開催 ……………………………………… 121
 ⑴　無料法律相談会の実施方法　121
 ⑵　無料法律相談会の告知方法　122
 ⑶　チラシ・ポスター作り　123
 ⑷　無料相談会実施の留意点　129

4　セミナーの開催 ……………………………………………… 130
 ⑴　セミナーの開催方法　130
 ⑵　セミナーの内容　132
 ⑶　その他注意点　133

 著者の実体験⑨　ポスティング …………………………………… 135

5　ダイレクトメール …………………………………………… 137
 ⑴　法律事務所に適したダイレクトメール　137
 ⑵　ダイレクトメールの送り方　138
 ⑶　ダイレクトメールの送付先　139
 ⑷　訪問時の注意　140
 ⑸　ダイレクトメールの構成　142

6　タウンページ広告 …………………………………………… 144
 著者の実体験⑩　タウンページ広告 ……………………………… 145

7　行政広告 ……………………………………………………… 146

| 8 | タウン情報誌 | 146 |
| 9 | 異業種交流会 | 147 |

 (1) 異業種交流会の種類　147
 (2) 著者お勧めの異業種交流会　151

著者の実体験⑪ 異業種交流会 ･････････････････ 154

 (3) 異業種交流会参加の留意点　155
 (4) 自己紹介　156

著者の実体験⑫ 自己紹介 ････････････････････ 160

 (5) 自己紹介後の動き方　162

COLUMN⑩ 得意分野 ････････････････････････ 164

| 10 | 名　刺 | 166 |

COLUMN⑪ 笑顔の練習 ･･････････････････････ 168

第4章　最小の費用で最大の効果を上げるWeb対策

| 1 | 事務所ウェブサイト | 170 |

 (1) 事務所ウェブサイト制作の必要性　170
 (2) 制作費を抑えるコツ　172
 (3) 事務所ウェブサイトの構成要素　174

COLUMN⑫ 写真撮影 ････････････････････････ 176

| 2 | SEO対策 | 179 |
| 3 | Googleマイビジネスへの登録 | 182 |

COLUMN⑬ Googleアナリティクスの活用と注意点 ････ 182

4	リスティング広告	184
5	分野ごとの専門ウェブサイト	186
6	SNSの活用	188

| 7 | 弁護士ポータルサイト ……………………………… 191
| 8 | メルマガ・事務所レター ………………………… 192
| 9 | インターネットメディアへの露出 ……………… 193
　COLUMN⑭　顧問先の開拓 ………………………… 194

第5章　独立開業に求められる10のマインド

| 1 | 起業家マインド ……………………………………… 198
| 2 | 経営について自分で考え、決断する …………… 199
| 3 | リスクを受け入れる ………………………………… 200
| 4 | 「でも」で終わらない ……………………………… 201
| 5 | 成功体験に固執しない ……………………………… 201
| 6 | ゼロベース思考 ……………………………………… 202
| 7 | 孤独に慣れる ………………………………………… 202
| 8 | 仕事のオンオフを区別しない ……………………… 203
| 9 | 人との交流を厭わない ……………………………… 203
| 10 | 顧客志向 …………………………………………… 203
　COLUMN⑮　独立開業のすゝめ ……………………… 205

あとがき

第1章 弁護士業界の現状と今後

業界の分析は、経営戦略を考える基本です。そこで、まず弁護士業界の現状について取り上げます。もっとも、多くの弁護士にとって既知の情報も多いのではないかと思うので、簡単に触れる程度に留めます。そのうえで、マチ弁が今後進むべき方向性を検討していきたいと思います。

1 データで見る弁護士業界

　司法制度改革により一時2000名を超えた司法試験合格者は、2016年には1500名強まで減りました。日本弁護士連合会は合格者1500名を数値目標として掲げていますが、2016年12月に17の弁護士会が合格者1500名でも供給過剰だとして司法試験合格者のさらなる減員を求める共同声明を発表するなど減員を望む声は後をたちません。2017年の司法修習生から事実上給費制が復活することも合わせて考えると、今後司法試験合格者が1500名を大きく上回るということは考えがたいでしょう。

　それでも、毎年1500名近くが司法試験に合格すると仮定すると、しばらく弁護士人口は増え続けることになります。**図表1-1**はこれまでの弁護士人口の推移と、2017年以降も毎年1500名が合格した場合の推定弁護士人口を示したものです（「弁護士白書2016年版」より作成）。

　ピークは、2048年の6万3715名で、2018年時点よりも約60％増加するという予測になっています。

　その一方で、民事第一審通常訴訟新受件数（地裁）は、2009年の23万5508件をピークに減少し、2016年には14万8295件まで落ち込んでいます（**図表1-2**・「第5〜7回裁判の迅速化に係る検証に関する報告書」より作成。なお、各報告書間で数値の誤差が生じている場合はより新しい報告書の数値を採用した）。

　もっとも、**図表1-2**からは、減少の大きな要因が過払金返還請求訴訟の減少にあることが分かります。過払金返還請求訴訟を除く新受件数には大きな変化はありません。

　また、興味深いことに、民事第一審通常訴訟既済事件（地裁）の弁護士選任率（民事第一審通常訴訟既済事件（地裁）のうち、当事者双方又は一方に

1 データで見る弁護士業界

図表1-1　弁護士人口の推移

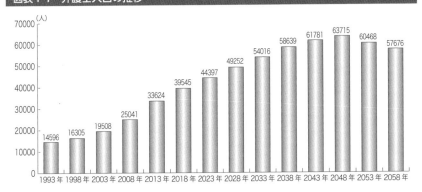

図表1-2　民事第一審通常訴訟新受件数推移（地裁）

図表1-3　民事第一審通常訴訟既済事件弁護士選任率推移（地裁）

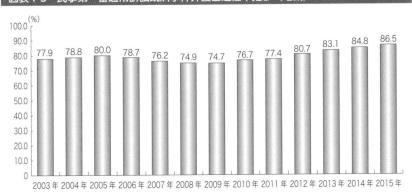

第1章 弁護士業界の現状と今後

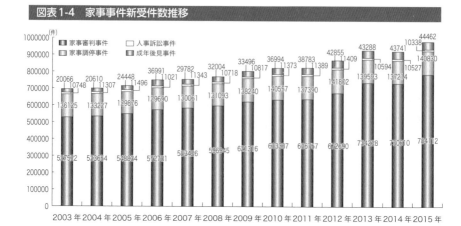

図表1-4 家事事件新受件数推移

弁護士が付いた割合）を見ると、ここ数年上昇傾向にあることが分かります（**図表1-3**・「裁判所データブック2016」より作成）。

これは、法律事務所の敷居が下がって弁護士に依頼しやすくなったという変化を示すデータといえるのかもしれません。

また、家事事件は増加傾向にあります（**図表1-4**・「裁判所データブック2016」より作成）。近時、離婚特化型、相続特化型の事務所が増えているのはこの傾向を反映してという面もあります。

とはいえ、弁護士数の増加に比例して事件が増加しているわけではないということは、全体の傾向として間違いないことです。

この状況を反映してか、弁護士の所得も近時激減しています（**図表1-5**・

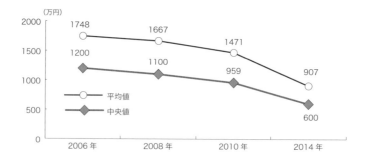

図表1-5 所得の平均値・中央値

図表1-6 未登録率

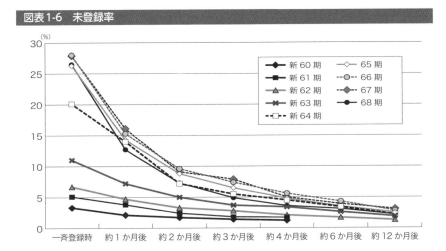

「弁護士白書2015年版」より作成)。

　さらに、一斉登録時に登録できない新人弁護士の比率も近時20%を超えています。20%を超えるようになってからも、一斉登録時から約4か月後には未登録率が5%前後に落ち着いていることから、多くの未登録者が何とか就業先を見つけるなどしているのだと思われますが、新人弁護士にとって就職先の確保が難しいという事実は否定できません(**図表1-6**・法曹養成制度改革連絡協議会(第6回)事務局提出資料より作成)。

　このように、弁護士業界の現状は、必ずしも明るいとはいえず、弁護士間の競争が激しくなっているといえます。

2　競争激化で起こり始めた変化

　競争社会に突入した弁護士業界ですが、それに呼応して、業界内にも変化が起こり始めています。ここでは、今後起こり得ることも含めて業界内の変化を考察してみたいと思います。なお、マチ弁業界に限定して述べています。

(1) 大規模化

　弁護士業界に限らず、競争が激しくなると事業の大規模化が始まり、規模

の経済性が追求されるのが一般的です。大規模化を図ることで、単位当たりのコストを削減すれば、収益性の向上を図ることができます。大規模化には、信用力・ブランド力向上という効果もあります。事業規模を拡大できるということは、それだけ信頼できる事業なのだろうという推測が働くためです。

マチ弁業界においてもこの流れは既に始まっています。事務所賃料や人件費を数十人、数百人規模で分担すれば弁護士一人当たりのコストが下がります。テレビコマーシャルなど高額な広告も打てるようになります。

法人化し支店を立ち上げる法律事務所が増えていますが、今後この流れはますます顕著になります。現在、全国展開している法律事務所の多くは、首都圏を除き、地裁本庁所在地に進出する傾向にありますが、これからは地裁支部所在地への進出も進みます。進出の方法は、本店から人材を送り込むというものに留まらず、既に開業している弁護士を傘下に収めるというものも増えてくるでしょう。傘下に収まる弁護士にとっても、広告宣伝費の悩みから解放される、経営ノウハウが学べるといったメリットがあります。

また、全国展開する法律事務所に対抗すべく、地方の法律事務所でも合併が進むことが予想されます。その結果、各事務所が地域ナンバーワン事務所を目指して合併を繰り返し、地裁本庁所在地周辺を中心に、大規模事務所以外は、苦境に立たされるという事態が起こり得ます。

(2) 合理化

大規模化が進むと、通常、事業の合理化が図られます。弁護士業界でいえば、書式の定型化、依頼者対応のマニュアル化などです。また、事務所所属弁護士の稼働状況を管理し、新規の相談案件が来ると自動的に予定の空いている弁護士に配点されるといった方法も広がるでしょう。人事評価システムも整備され、各弁護士の給与決定も定式化していきます。

その一方で、所属弁護士の裁量は狭くなることが予想されます。たとえば、依頼者の経済状況などを加味して独断で報酬を下げるといったことは難しくなるかもしれません。

また、事務所内に、営業部、広報部といった非弁護士による部門を持つ事

務所も増えてくるでしょう。

(3) 総合化

大規模化と近いニュアンスですが、こちらは、他士業連携による総合事務所化を意味しています。既にワンストップサービス（一つの窓口で複数のサービスが受けられること）という言葉が広まっていますが、この傾向は今後も広がります。総合化の方向としては、相続案件、企業法務案件を念頭に置いたものが増えるでしょう。

(4) 専門化

大規模化の流れに取り込まれることを忌避する一部の事務所は専門化の道を歩みます。現在もブティック型事務所が存在しますが、企業法務分野に限らず、個人向けの分野も専門化が進みます。ただし、個人向け分野の多くは参入障壁が低いため、競争は激しくなります。

(5) 低価格化

競争が激しくなると値下げ競争が始まるのが一般的です。値下げ競争は、通常、規模の経済性を持つ大規模事務所に軍配が上がります。

もっとも、現在広告宣伝を頻繁に行っているような大規模事務所で、低価格化路線を採っているところは多くありません。報酬体系を日本弁護士連合会の旧報酬基準から崩している事務所や複数の報酬プランを提示する事務所は見られますが、トータルで見るとむしろ旧報酬基準より高額な報酬を得ている大規模事務所もあります。これは、弁護士の報酬体系の複雑さと情報の非対称性により、顧客が価格の比較を行いにくいという業界特有の事情が作用しているものと推測されます。

とはいえ、今後さらに競争が激化すると、値下げ競争は避けられないでしょう。価格.comのような各事務所の報酬を一覧化したウェブサイトが登場する可能性もあります（現在も債務整理関係では費用を比較したウェブサイトがありますが、多くは広告サイトの域を出ていません）。

(6) 広告宣伝費の高騰

　競争が激化するにつれて、各事務所の広告宣伝費は上昇していきます。近年、特に顕著なのがインターネット広告の活用です。インターネット広告は、テレビコマーシャルや新聞広告（折込広告は除く）といったマスメディア広告と比較すれば広告料金が安く、小規模事務所でも出稿自体は容易です。また、インターネットの世界に国境はありませんので、一つの広告で全国に宣伝することができます（逆に地域を絞った広告も可能です）。さらに、インターネットユーザーの志向や属性に合った広告を表示させる行動ターゲティング広告など新しい手法も登場しています。このような事情から、ここ数年、弁護士業界においてもインターネット広告は注目されており、『自由と正義』などで活用法について特集が組まれることも増えています。

　その一方、弁護士ドットコムを始めとした弁護士ポータルサイト型の広告の登場で、各法律事務所のウェブサイトの宣伝効果は低下しつつあります。当初画期的といわれた、取扱い分野ごとに専門サイトを制作するという手法（一つの法律事務所が離婚専門サイト、相続専門サイトなどを制作する手法）も、類似サイトの増加、分野別ポータルサイト（「○○に強い弁護士」といったタイトルで、広告料を支払った弁護士・法律事務所の情報が表示されるタイプの弁護士ポータルサイト）の登場により、大都市圏を中心に宣伝効果が低下しています。リスティング広告（検索エンジンで検索したときに、検索結果に連動して表示される広告）も、「離婚　弁護士」「相続　弁護士」などの人気のあるキーワードでは広告料金が高騰しています。

　また、インターネット広告業界の参入障壁が低いため、弁護士向けのインターネット広告サービスが激増しています。大都市圏を中心に、弁護士ポータルサイト型広告の運営会社からは頻繁に営業の電話が入るようになりました。弁護士ポータルサイト型広告については、相談希望者が特定の弁護士・法律事務所の情報に到達するまでに、①そのポータルサイト自体が検索結果上位に表示されるか、②ポータルサイト内で自身のページが上位表示されるか、という二つのハードルがあります。そのため、広告料は払ったものの、ほとんど問い合わせがないという事例も散見されています。

このように広告市場が飽和していくと、各法律事務所の資本力の差が大きく影響することになります。大量に広告宣伝費をかけられる事務所以外は、物量に押され広告宣伝効果を享受できなくなるのです。実際、いくつかの弁護士ポータルサイトでは、検索結果上位に同じ弁護士法人の支店ばかり表示されるという事態も生じています。

　現在のところ、このような傾向はまだ大都市圏に留まっており、広告に力を入れる事務所が少ない地方では顕在化していません。しかし、司法試験合格者の増加が、地方の弁護士人口増加につながったのと同様、インターネット広告普及・激増の流れは間違いなく地方にも波及していきます。飽和状態に陥るまで10年はかからないでしょう。

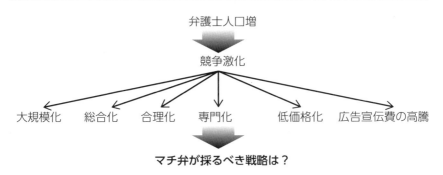

図表1-7　競争激化で起こり始めた変化

3　マチ弁が採るべき戦略

　経営資源の乏しい若手弁護士にとって、前項で述べた業界の変化は耳の痛い話です。キャッチアップには多大な投資が必要となります。しかも、資本力に差がある大規模事務所に追従しても引き離されてしまいます。弁護士業界に限らず後発、中小零細企業が採るべき戦略は、差別化です。

　以下、後発、中小零細のための三つの差別化戦略について述べていきます。

(1) 新分野の発掘

　第一の差別化戦略は新分野の発掘です。近時、弁護士業界でもマーケティングのライフサイクル理論の解説を見かけるようになりました。いわく弁護士業界は成熟期にあり差別化が必要であるというものです（**図表1-8**）。確かにそのとおりなのですが、ここで注意が必要なのが、このライフサイクル理論は、元々「製品」ライフサイクル理論であるという点です。

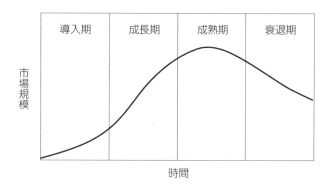

図表1-8　製品ライフサイクル

　弁護士業界における製品は、取扱い分野、サービスに当たります。たとえば過払金返還請求は、ライフサイクルでいえば現在衰退期にあります。市場規模は大きかったものの消滅時効の関係上寿命は短かったといえます。似たような分野としてはＢ型肝炎訴訟が挙げられます。こちらは過払金返還請求に比べれば市場規模は小さいものの、未だ成熟期にあるといえます。法律上の請求期限があるため、期限が来ると衰退期を一気に通り越して市場自体が消滅するという特徴があります（**図表1-9**）。

　一方、離婚や相続は、昔から存在する分野ではあるものの、価値観の変化や高齢化という時代の変化により今後しばらく成長が見込まれる分野です。AIに仕事が奪われない限り市場が消滅する可能性は低く、市場規模も大きいという特徴があります。交通事故も、弁護士特約の認知が進むことによりしばらくは成長分野となりそうです。

図表1-9 過払金返還請求とB型肝炎訴訟のライフサイクルイメージ

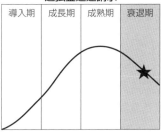

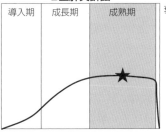

図表1-10 離婚などと発信者情報開示請求のライフサイクルイメージ

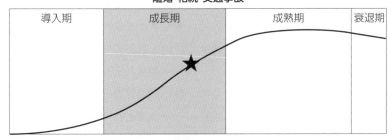

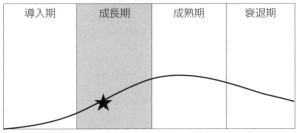

比較的新しい分野としては、発信者情報開示請求が挙げられます。この分野は、一定のIT知識が必要であるため、比較的若い弁護士により開拓されており、今後も成長が見込まれます（**図表1-10**）。

このように取扱い分野、サービスごとにライフサイクルの段階、市場規模が異なります。成長期を迎えて久しい分野に若手・後発弁護士が参入しても、競争を勝ち抜くことは容易ではありません。そこで、新分野を開拓することで、先行者利益を得るというのが一つの戦略となります。

弁護士業界では、法改正や判例変更、市民の価値観の変化により新しい需要が生まれることがあります。たとえば、現在、債権法改正により契約書改訂需要が発生しています。債権法改正の影響を受ける業界に特化した広告宣伝活動を積極的に行い、法改正に対応できない弁護士から顧問先を奪うという事務所も出始めているのではないでしょうか。また、政府は同一労働同一賃金を押し進めるとしており、今後、法改正が行われる可能性があります。既に弁護士による同一労働同一賃金ガイドライン解説セミナーは各所で行われていますが、法改正が行われれば、さらなる需要が生まれることになるでしょう。

新しい需要は、法改正や判例変更、市民の価値観の変化によってのみ生じるわけではありません。事業の再定義によって生じる場合もあります。事業の再定義といっても分かりにくいので、例を挙げて説明します。

たとえば、数年前、一部の行政書士が戸籍を収集して巻物風の家系図を作成するというサービスを始めました。観賞用の家系図作成のために戸籍の職務上請求を行うことは問題があるため、良い例ではないのですが、分かりやすいので取り上げます。これは、相続用の家系図というこれまでも作成されてきたものを、観賞用の家系図として装飾し広告宣伝することにより、ルーツを探りたいという消費者のアイデンティティ欲求を刺激したものです。このように既存のサービスに新たな価値を付与して別の形で提供することを事業の再定義といいます。

類似の例として、最近、我が国においてネガティブに捉えられることが多かった婚姻契約を、夫婦の前向きな約束と捉え直して作成を勧める業者が現れるようになりました。これも事業の再定義による需要の掘り起こしの一例

といえるでしょう。

　以上のように、新分野の発掘を行うというのが、若手・後発弁護士が採り得る差別化戦略の一つ目です。

⑵　追加的価値の提供

　若手・後発弁護士が採り得る第二の差別化戦略は、追加的価値の提供です。これは難しく考える必要はありません。顧客のニーズと競合事務所のサービスを調査してプラスアルファのサービスを提供すれば良いのです。

　たとえば、高齢者向けの出張法律相談を全面的に売り出すことやバリアフリー対応は追加的価値の提供といえるでしょう。事務所に託児スペースを設けることも同様です。また、LINEやスカイプで法律相談に応じる弁護士も現れていますが、これも顧客のニーズに沿った追加的価値の提供だといえます。

⑶　地域密着化

　若手・後発弁護士が採り得る第三の差別化戦略が、本書のテーマである地域密着化です。これは、相手の土俵で戦わない、競争を極力避けるという発想に基づいたものですが、そのヒントは業界の成熟化が進んだ他の業界にあります。たとえば、コンビニ業界や電器店業界です。

◆コンビニ業界

　ファミリーマートとサークルＫサンクスの統合に代表されるように、コンビニ業界は大規模チェーン化が著しい業界です。大手３社がしのぎを削り、地方コンビニチェーンは淘汰されつつあります。

　その中にあって、福井県のオレボステーションというコンビニが客単価で全国２位をたたき出し、注目を集めています。このコンビニの戦略は地域に根差したオンリーワン戦略です。店内調理による惣菜の販売、福井県の学校給食で出されていたあげぱんや地元の食材の販売など、大手コンビニチェーンには困難な商品提供を行って地域からの支持を得ています。

　また、北海道で店舗数トップのセイコーマートも地域の支持を得ているコ

ンビニとして有名です。このコンビニも、地域に密着しプライベートブランドに力を入れ、品数の多さと安さをウリにしています。独自の物流網を構築し、大手コンビニチェーンが進出困難な過疎地にも店舗を構えて支持を得ています。

◆電器店業界

　電器店業界は、メーカーの系列店による販売から、90年代以降、大型・郊外型の家電量販店による販売に市場が移行していきました。その後、家電量販店も、インターネット通信販売の攻勢を受け、窮地に立たされています。この業界の動向に通底していたのが、低価格化路線です。値下げ競争は企業の削り合いであり、資本力の弱い企業から淘汰されていきます。

　このような流れの中で、「まちのでんきや」が改めて注目されています。価格帯こそ家電量販店、インターネット通販には敵わないものの、商圏を絞り、対面販売やアフターサービスの充実を徹底させ、成功を収める企業が出てきています。インターネット通販は、商品の質を自分で判断できる消費者には便利ですが、店員から説明を聞きながら判断したいという層には不向きです。また、購入後も同じ店員が相談に乗ってくれる、不具合が生じたらすぐ対応してくれる、さらには電球1個の交換にも快く応じてくれるといったことに対するニーズも存在します。特に高齢化が進む日本社会において、このニーズは無視できなくなりつつあります。

　弁護士業界とコンビニ業界・電器店業界では提供するサービスの量や質が異なるため、単純な比較はできません。ですが、大規模化や総合化が進んだという業界動向には共通点があり、参考になります。いずれの業界においても、小規模店が生き残るために採ったのは、地域のニーズに合ったサービスを提供し、商圏内でオンリーワンになるという戦略なのです。これは、弁護士業界においても採用できます。すなわち、地域密着型法律事務所という戦略です。次項ではこの点について詳しく分析していきます。

地域密着型法律事務所という戦略

　地域密着型法律事務所といっても、既に弁護士業界は飽和状態で密着する地域がないのではないかという疑問をお持ちの方もいらっしゃるかもしれません。この点については、まず**図表1-11**をご覧ください。

図表1-11　都内の弁護士人口など

	法定人口	弁護士人口	弁護士一人当たりの人口
東　京　都	13,515,271	18,167	744
特　別　区	9,272,740	17,482	530
世　田　谷　区	903,346	158	5,717
練　馬　区	721,722	52	13,879
大　田　区	717,082	95	7,548
江　戸　川　区	681,298	25	27,252
足　立　区	670,122	65	10,310
杉　並　区	563,997	117	4,820
板　橋　区	561,916	32	17,560
江　東　区	498,109	68	7,325
葛　飾　区	442,913	22	20,132
品　川　区	386,855	123	3,145
北　区	341,076	36	9,474
新　宿　区	333,560	1,535	217
中　野　区	328,215	86	3,816
豊　島　区	291,167	355	820
目　黒　区	277,622	98	2,833
墨　田　区	256,274	55	4,660
港　区	243,283	4,495	54
渋　谷　区	224,533	600	374
文　京　区	219,724	274	802
荒　川　区	212,264	28	7,581
台　東　区	198,073	97	2,042
中　央　区	141,183	2,139	66
千　代　田　区	58,406	6,927	8
特別区以外	4,242,531	685	6,193

図表1-11は、法定人口（2015年）、2017年8月2日時点の東京都内の弁護士人口、そして弁護士一人当たりの人口を示しています。圧倒的に都心3区（千代田・中央・港）に弁護士が集中していることが分かります。一方、激戦区東京にあって、弁護士一人当たりの人口が2万人を超えている区もあります。確かに、都心3区には企業の本社も多く、企業法務を中心に扱う法律事務所が集中するのは合理的です。しかし、ここで注目すべきは、正確なデータとして示すことは難しいものの、普通のマチ弁までも都心3区に集中しているということです。その最大の理由が、裁判所へのアクセス容易性にあることは、検証するまでもないでしょう。新規に開業する弁護士の大半も、開業地域を検討する際、裁判所へのアクセス容易性を重視します。しかし、これは、顧客である相談者・依頼者にとってはどうでも良い事情です。

裁判所へのアクセス容易性については、移動コストを弁護士が負担するのか、顧客が負担するのかという問題に捉え直すことができます。裁判所近くに法律事務所が集中していると、裁判所から遠くに住む顧客は、裁判所には特に用もないのに、弁護士に会うためだけに裁判所の近くに行かなければなりません。逆に、顧客の住居の近くに法律事務所があれば、顧客は法律事務所を訪問しやすくなりますが、弁護士にとっては裁判所までの移動時間が増えるということになります。

多くの市民にとって、弁護士に相談することは未だ一般的ではなく、心理的なハードルが存在します。自宅付近に法律事務所がないということは、心理的ハードルに加えて距離的ハードルが存在するということを意味します。

その結果、以下のような人々は弁護士への相談をそもそもあきらめてしまっているかもしれません。

- 休みがほとんどなく休日に遠出するのはしんどいなと思っているブラック企業のサラリーマン
- 年中無休でお店を空けられるのは1～2時間しかないと思っている自営業者
- 遠出するのは辛いと思っている高齢者
- 多額の交通費を捻出することが困難な多重債務者

図表 1-12　一般市民が抱える二つのハードル

　二つの壁のうち、距離的ハードルを取り払い、前記のような人々にアプローチするのも差別化といえるでしょう。

　東京では、裁判所付近はさすがに弁護士飽和状態にあるため、徐々に山手線外にも新規の法律事務所ができるケースが増えています。それでも、精査すればまだまだ空白エリアが存在します。そして、この裁判所近辺への法律事務所偏在は、地方でより顕著です。**図表1-13**は、自治体の法定人口ランキング（2015年）と各自治体の弁護士人口、弁護士一人当たりの人口、さらに裁判所の所在を示したものです。

第1章 弁護士業界の現状と今後

図表1-13 法定人口ランキングと弁護士人口など

□：一人当たり人口1万人未満／■：一人当たり人口5万人以上または弁護士不在

自治体	裁判所の有無	法定人口(2015)	弁護士人口(2017.9現在)	弁護士一人当たりの人口	自治体	裁判所の有無	法定人口(2015)	弁護士人口(2017.9現在)	弁護士一人当たりの人口
横浜市	地裁本庁	3,724,844	1,005	3,706	尼崎市	地裁支部	452,563	51	8,874
大阪市	地裁本庁	2,691,185	4,128	652	葛飾区		442,913	22	20,132
名古屋市	地裁本庁	2,295,638	1,532	1,498	町田市	簡裁	432,348	64	6,755
札幌市	地裁本庁	1,952,356	721	2,708	長崎市	地裁本庁	429,508	95	4,521
福岡市	地裁本庁	1,538,681	879	1,750	藤沢市	簡裁	423,894	63	6,728
神戸市	地裁本庁	1,537,272	549	2,800	豊田市	簡裁	422,542	23	18,371
川崎市	地裁支部	1,475,213	219	6,736	高松市	地裁本庁	420,748	138	3,049
京都市	地裁本庁	1,475,183	699	2,110	富山市	地裁本庁	418,686	83	5,044
さいたま市	地裁本庁	1,263,979	433	2,919	柏市		413,954	53	7,810
広島市	地裁本庁	1,194,034	452	2,642	岐阜市	地裁本庁	406,735	120	3,389
仙台市	地裁本庁	1,082,159	393	2,754	横須賀市	地裁支部	406,586	42	9,681
千葉市	地裁本庁	971,882	411	2,365	枚方市	簡裁	404,152	16	25,260
北九州市	地裁支部	961,286	187	5,141	宮崎市	地裁本庁	401,138	103	3,895
世田谷区		903,346	161	5,611	豊中市	簡裁	395,479	29	13,637
堺市	地裁支部	839,310	99	8,478	品川区		386,855	125	3,095
新潟市	地裁本庁	810,157	189	4,287	岡崎市	地裁支部	381,051	69	5,522
浜松市	地裁支部	797,980	119	6,706	一宮市	地裁支部	380,868	36	10,580
熊本市	地裁本庁	740,822	236	3,139	長野市	地裁本庁	377,598	83	4,549
練馬区		721,722	53	13,617	豊橋市	地裁支部	374,765	67	5,594
相模原市	地裁支部	720,780	80	9,010	吹田市	簡裁	374,468	32	11,702
岡山市	地裁本庁	719,474	324	2,221	高崎市	地裁支部	370,884	112	3,311
大田区		717,082	95	7,548	和歌山市	地裁本庁	364,154	123	2,961
静岡市	地裁本庁	704,989	180	3,917	奈良市	地裁本庁	360,310	112	3,217
江戸川区		681,298	25	27,252	高槻市		351,829	16	21,989
足立区		670,122	65	10,310	川越市	地裁支部	350,745	71	4,940
船橋市		622,890	74	8,417	いわき市	地裁支部	350,237	37	9,466
鹿児島市	地裁本庁	599,814	167	3,592	横浜市港北区		344,172	36	9,560
川口市	簡裁	578,112	40	14,453	北区		341,076	36	9,474
八王子市	簡裁	577,513	101	5,718	大津市	地裁本庁	340,973	77	4,428
杉並区		563,997	115	4,904	所沢市	簡裁	340,386	35	9,725
板橋区		561,916	32	17,560	旭川市	地裁支部	339,605	60	5,660
姫路市	地裁支部	535,664	107	5,006	越谷市	地裁支部	337,498	65	5,192
宇都宮市	地裁本庁	518,594	147	3,528	高知市	地裁本庁	337,190	77	4,379
松山市	地裁本庁	514,865	116	4,438	前橋市	地裁本庁	336,154	105	3,201
東大阪市	簡裁	502,784	16	31,424	郡山市	地裁支部	335,444	65	5,161
江東区		498,109	71	7,016	新宿区		333,560	1,539	217
西宮市	簡裁	487,850	55	8,870	中野区		328,215	89	3,688
松戸市	地裁支部	483,480	80	6,044	那覇市	地裁本庁	319,435	194	1,647
市川市	簡裁	481,732	34	14,169	秋田市	地裁本庁	315,814	54	5,848
大分市	地裁本庁	478,146	121	3,952	四日市	地裁支部	311,031	60	5,184
倉敷市	地裁支部	477,118	36	13,253	仙台市青葉区	地裁本庁	310,183	372	834
金沢市	地裁本庁	465,699	146	3,190	横浜市青葉区		309,692	14	22,121
福山市	地裁支部	464,811	61	7,620	岡山市北区	地裁本庁	309,484	318	973

4 地域密着型法律事務所という戦略

自治体	裁判所の有無	法定人口(2015)	弁護士人口(2017.9現在)	弁護士一人当たりの人口
春日井市	簡裁	306,508	25	12,260
福岡市東区		306,015	17	18,001
久留米市	地裁支部	304,552	76	4,007
盛岡市	地裁本庁	297,631	63	4,724
福島市	地裁本庁	294,247	58	5,073
明石市	地裁支部	293,409	34	8,630
豊島区		291,167	352	827
青森市	地裁本庁	287,648	43	6,689
横浜市鶴見区		285,356	5	57,071
札幌市北区		285,321	12	23,777
京都市伏見区	簡裁	280,655	25	11,226
茨木市	簡裁	280,033	13	21,541
津市	地裁本庁	279,886	79	3,543
目黒区		277,622	98	2,833
相模原市南区		277,280	38	7,297
横浜市戸塚区		275,283	15	18,352
長岡市	地裁支部	275,133	32	8,598
市原市		274,656	1	274,656
水戸市	地裁本庁	270,783	112	2,418
相模原市中央区	地裁支部	269,888	33	8,178
八尾市		268,800	5	53,760
下関市	地裁支部	268,517	43	6,245
加古川市	簡裁	267,435	5	53,487
函館市	地裁支部	265,979	49	5,428
福井市	地裁本庁	265,904	89	2,988
札幌市東区		261,912	0	-
府中市		260,274	29	8,975
徳島市	地裁本庁	258,554	86	3,006
平塚市	簡裁	258,227	23	11,227
墨田区		256,274	55	4,660
北九州市八幡西区	簡裁	256,117	13	19,701
福岡市南区		255,797	16	15,987
佐世保市	地裁支部	255,439	30	8,515
山形市		253,832	67	3,789
静岡市葵区	地裁本庁	253,593	147	1,725
富士市	地裁支部	248,399	31	8,013
川崎市中原区		247,529	32	7,735
横浜市旭区		247,144	10	24,714
草加市		247,034	15	16,469
神戸市西区		245,782	6	40,964
松本市	地裁支部	243,293	51	4,770
港区		243,283	4,476	54
広島市安佐南区		242,512	4	60,628
名古屋市緑区		241,822	15	16,121
茅ヶ崎市		239,348	6	39,891
静岡市清水区	簡裁	238,977	14	17,070
横浜市神奈川区	簡裁	238,966	59	4,050
札幌市中央区	地裁本庁	237,627	684	347
寝屋川市		237,518	12	19,793
浜松市中区		237,443	113	2,101
佐賀市	地裁本庁	236,372	67	3,528
大和市		232,922	13	17,917
春日部市		232,709	9	25,857
八戸市	地裁支部	231,257	33	7,008
調布市		229,061	27	8,484
呉市	地裁支部	228,552	24	9,523
福岡市博多区		228,441	91	2,510
川崎市高津区		228,141	13	17,549
つくば市		226,963	38	5,973
仙台市太白区		226,855	3	75,618
厚木市	簡裁	225,714	31	7,281
川崎市宮前区		225,594	2	112,797
糟屋郡		225,585	3	75,195
上尾市		225,196	8	28,150
宝塚市		224,903	11	20,446
渋谷区		224,533	598	375
川崎市川崎区	地裁支部	223,378	144	1,551
名古屋市中川区		220,281	5	44,056
太田市	地裁支部	219,807	25	8,792
神戸市北区		219,805	8	27,476
文京区		219,724	274	802
神戸市垂水区		219,474	8	27,434
札幌市豊平区		218,652	5	43,730
福岡市早良区		217,877	10	21,788
仙台市泉区		216,798	5	43,360
横浜市港南区		215,736	11	19,612
川崎市多摩区		214,158	12	17,847
神戸市東灘区		213,634	13	16,433
札幌市西区		213,578	9	23,731
北九州市小倉南区		212,850	2	106,425
静岡市駿河区		212,419	19	11,180
荒川区		212,264	28	7,581
横浜市都筑区		211,751	12	17,646
札幌市白石区		209,584	1	209,584
伊勢崎市	簡裁	208,814	11	18,983
福岡市西区		206,868	7	29,553
松江市	地裁本庁	206,230	53	3,891
横浜市保土ケ谷区	簡裁	205,493	5	41,099
千葉市中央区	地裁本庁	205,070	381	538
京都市右京区	簡裁	204,262	5	40,852
横浜市金沢区		202,229	6	33,705

19

第1章 弁護士業界の現状と今後

自治体	裁判所の有無	法定人口(2015)	弁護士人口(2017.9現在)	弁護士一人当たりの人口	自治体	裁判所の有無	法定人口(2015)	弁護士人口(2017.9現在)	弁護士一人当たりの人口
西東京市		200,012	16	12,501	名古屋市守山区		172,845	5	34,569
熊谷市	地裁支部	198,742	53	3,750	佐倉市	地裁支部	172,739	10	17,274
台東区		198,073	97	2,042	苫小牧市	地裁支部	172,737	12	14,395
山口市	地裁本庁	197,422	56	3,525	高岡市		172,125	27	6,375
上越市	地裁支部	196,987	21	9,380	出雲市		171,938	11	15,631
伊丹市	地裁支部	196,883	21	9,375	宇部市	地裁支部	169,429	13	13,033
大阪市平野区		196,633	0	-	帯広市	地裁支部	169,327	27	6,271
鈴鹿市	簡裁	196,403	6	32,734	京都市左京区		168,266	25	6,731
沼津市	地裁支部	195,633	74	2,644	岡山市南区		168,181	1	168,181
岸和田市	地裁支部	194,911	21	9,281	西尾市		167,990	9	18,666
横浜市南区		194,827	5	38,965	習志野市		167,909	4	41,977
仙台市宮城野区		194,825	7	27,832	秦野市		167,378	6	27,896
小田原市	地裁支部	194,086	54	3,594	磐田市		167,210	10	16,721
鳥取市	地裁本庁	193,717	31	6,249	小山市	簡裁	166,760	18	9,264
八千代市		193,152	7	27,593	横浜市磯子区		166,229	4	41,557
甲府市	地裁本庁	193,125	116	1,665	都城市	地裁支部	165,029	15	11,002
東広島市	簡裁	192,907	7	27,558	大阪市城東区		164,697	7	23,528
福岡市中央区	地裁本庁	192,688	729	264	名古屋市千種区		164,696	45	3,660
広島市西区		190,929	7	27,276	名古屋市名東区		164,080	11	14,916
熊本市東区		190,451	6	31,742	浦安市		164,024	10	16,402
小平市		190,005	9	21,112	松阪市	地裁支部	163,863	12	13,655
三鷹市		186,936	22	8,497	名古屋市北区		163,579	22	7,435
熊本市中央区	地裁本庁	186,300	212	879	新潟市西区		162,833	6	27,139
日野市		186,283	29	6,424	名古屋市天白区		162,683	9	18,076
和泉市		186,109	3	62,036	神戸市須磨区		162,468	6	27,078
日立市	地裁支部	185,054	8	23,132	新座市		162,122	6	27,020
宇治市	簡裁	184,678	6	30,780	さいたま市見沼区		161,960	3	53,987
安城市	簡裁	184,140	18	10,230	知多郡		161,732	0	-
新潟市中央区	地裁本庁	183,767	180	1,021	千葉市稲毛区		160,968	11	14,633
豊川市		182,436	6	30,406	川崎市幸区		160,890	11	14,626
北九州市小倉北区	地裁支部	181,878	165	1,102	大垣市	地裁支部	159,879	18	8,882
横浜市緑区		180,366	5	36,073	栃木市	地裁支部	159,211	12	13,268
さいたま市南区		180,152	35	5,147	堺市北区		158,845	10	15,885
千葉市花見川区		179,200	5	35,840	今治市	地裁支部	158,114	15	10,541
弘前市	地裁支部	177,411	19	9,337	上田市	地裁支部	156,827	23	6,819
立川市	地裁支部	176,295	180	979	川西市		156,375	12	13,031
大阪市淀川区		176,201	28	6,293	ひたちなか市		155,689	1	155,689
大阪市東淀川区		175,530	12	14,628	さいたま市浦和区	地裁本庁	154,416	230	671
川崎市麻生区		175,523	5	35,105	大阪市住吉区		154,239	1	154,239
釧路市	地裁本庁	174,742	28	6,241	横浜市泉区		154,025	2	77,013
流山市		174,373	8	21,797	野田市		153,583	3	51,194
相模原市緑区		173,612	9	19,290	狭山市		152,405	5	30,481
鎌倉市	簡裁	173,019	23	7,523					

4 地域密着型法律事務所という戦略

自治体	裁判所の有無	法定人口(2015)	弁護士人口(2017.9現在)	弁護士一人当たりの人口
久喜市	簡裁	152,311	7	21,759
中頭郡		151,607	5	30,321
千葉市若葉区		151,078	1	151,078
京都市西京区		150,962	3	50,321
東村山市		149,956	5	29,991
刈谷市		149,765	14	10,698
小牧市		149,462	6	24,910
足利市	地裁支部	149,452	14	10,675
米子市	地裁支部	149,313	27	5,530
名古屋市西区		149,098	49	3,043
千葉市美浜区		148,718	11	13,520
入間市		148,390	5	29,678
横浜市中区	地裁本庁	148,312	717	207
堺市堺区		148,205	82	1,807
堺市南区		147,626	5	29,525
石巻市	地裁支部	147,214	12	12,268
名古屋市港区		146,745	5	29,349
多摩市		146,631	18	8,146
岡山市中区		146,232	2	73,116
広島市安佐北区	簡裁	145,018	2	72,509
周南市	地裁支部	144,842	25	5,794
武蔵野市	簡裁	144,730	82	1,765
各務原市		144,690	1	144,690
深谷市		143,811	2	71,906
藤枝市		143,605	3	47,868
さいたま市北区		143,446	1	143,446
熊本市北区		143,131	4	35,783
守口市		143,042	4	35,761
広島市南区		142,728	7	20,390
札幌市南区		141,190	5	28,238
中央区		141,183	2,145	66
札幌市手稲区		140,999	0	-
古河市	簡裁	140,946	11	12,813
土浦市	地裁支部	140,804	40	3,520
桑名市	簡裁	140,303	6	23,384
焼津市		139,462	1	139,462
沖縄市	地裁支部	139,279	32	4,352
尾道市	地裁支部	138,626	15	9,242
諫早市	簡裁	138,078	9	15,342
新潟市東区		137,577	1	137,577
青梅市	簡裁	137,381	5	27,476
草津市		137,247	19	7,224
名古屋市南区		136,935	2	68,468
稲沢市		136,867	4	34,217
岩国市	地裁支部	136,757	14	9,768
広島市佐伯区		136,699	1	136,699
広島市中区	地裁本庁	136,640	425	322
三郷市		136,521	4	34,130
朝霞市		136,299	9	15,144
戸田市		136,150	8	17,019
神戸市灘区		136,088	6	22,681
堺市 西区		135,746	0	-
京都市山科区		135,471	4	33,868
神戸市中央区	地裁本庁	135,153	498	271
木更津市	地裁支部	134,141	16	8,384
比企郡		133,980	0	-
仙台市若林区		133,498	6	22,250
箕面市		133,411	8	16,676
大崎市	地裁支部	133,391	8	16,674
名古屋市中村区		133,206	181	736
我孫子市		131,606	3	43,869
成田市		131,190	13	10,092
福岡市城南区		130,995	9	14,555
富士宮市		130,770	3	43,590
海老名市		130,190	12	10,849
大阪市生野区		130,167	1	130,167
鶴岡市	地裁支部	129,652	8	16,207
飯塚市	地裁支部	129,146	20	6,457
瀬戸市	簡裁	129,046	4	32,262
座間市		128,737	1	128,737
浜松市東区		128,555	0	-
伊勢市	地裁支部	127,817	10	12,782
熊本市南区		127,769	4	31,942
札幌市厚別区		127,767	5	25,553
八代市	地裁支部	127,472	11	11,588
千葉市緑区		126,848	2	63,424
大阪市住吉区		126,299	2	63,150
霧島市		125,857	6	20,976
延岡市	地裁支部	125,159	12	10,430
横浜市瀬谷区		124,560	1	124,560
堺市中区		124,543	1	124,543
橿原市		124,111	24	5,171
会津若松市	地裁支部	124,062	10	12,406
大阪市北区	地裁本庁	123,667	2,697	46
門真市		123,576	12	10,298
大東市		123,217	2	61,609
大阪市住之江区		122,988	1	122,988
唐津市	地裁支部	122,785	13	9,445
国分寺市		122,742	32	3,836
横浜市栄区		122,171	2	61,086

自治体	裁判所の有無	法定人口(2015)	弁護士人口(2017.9現在)	弁護士一人当たりの人口	自治体	裁判所の有無	法定人口(2015)	弁護士人口(2017.9現在)	弁護士一人当たりの人口
別府市	地裁支部	122,138	6	20,356	さいたま市岩槻区		109,801	3	36,600
小樽市	地裁支部	121,924	10	12,192	京都市中京区	地裁本庁	109,341	519	211
一関市	地裁支部	121,583	9	13,509	白山市		109,287	0	-
小金井市		121,396	16	7,587	鎌ケ谷市		108,917	3	36,306
北見市	地裁支部	121,226	12	10,102	西条市	地裁支部	108,174	6	18,029
松原市		120,750	0	-	富士見市		108,102	6	18,017
江別市		120,636	1	120,636	大阪市阿倍野区		107,626	21	5,125
広島市東区		120,155	6	20,026	名古屋市昭和区		107,170	17	6,304
新居浜市	簡裁	119,903	7	17,129	河内長野市		106,987	5	21,397
京都市北区		119,474	4	29,869	神戸市兵庫区		106,956	2	53,478
奥州市	地裁支部	119,422	5	23,884	小松市	地裁支部	106,919	8	13,365
佐野市		118,919	4	29,730	取手市	簡裁	106,570	8	13,321
うるま市		118,898	5	23,780	酒田市	地裁支部	106,244	12	8,854
生駒市		118,233	4	29,558	名古屋市瑞穂区		105,357	10	10,536
長浜市	地裁支部	118,193	6	19,699	邑楽郡		105,005	3	35,002
鴻巣市		118,072	2	59,036	大阪市都島区		104,727	19	5,512
大牟田市	地裁支部	117,360	8	14,670	筑西市	簡裁	104,573	5	20,915
那須塩原市		117,146	8	14,643	津山市	地裁支部	103,746	16	6,484
半田市	地裁支部	116,908	20	5,845	鹿屋市	地裁支部	103,608	7	14,801
東久留米市		116,632	5	23,326	池田市	簡裁	103,069	6	17,178
さいたま市緑区		116,522	5	23,304	坂戸市		101,679	4	25,420
安芸郡		116,222	2	58,111	飯田市	地裁支部	101,581	15	6,772
防府市	簡裁	115,942	8	14,493	伊勢原市		101,514	3	33,838
札幌市清田区		115,726	0	-	筑紫野市		101,081	10	10,108
廿日市市		114,906	3	38,302	泉佐野市	簡裁	100,966	7	14,424
桐生市	地裁支部	114,714	8	14,339	浜松市南区		100,870	3	33,623
掛川市	地裁支部	114,602	6	19,100	島尻郡		100,235	2	50,118
浦添市		114,232	5	22,846	京都市南区		99,927	18	5,552
東近江市	簡裁	114,180	2	57,090	北九州市門司区		99,637	5	19,927
富田林市	簡裁	113,984	2	56,992	大野城市		99,525	2	49,763
さいたま市大宮区	簡裁	113,864	141	808	佐久市	地裁支部	99,368	16	6,211
彦根市	地裁支部	113,679	26	4,372	三条市	地裁支部	99,192	11	9,017
三田市		112,691	7	16,099	さいたま市中央区		98,762	15	6,584
羽曳野市	簡裁	112,683	3	37,561	可児市		98,695	9	10,966
加須市		112,229	3	37,410	新発田市	地裁支部	98,611	8	12,326
東海市		111,944	4	27,986	横浜市西区		98,532	96	1,026
大阪市西成区		111,883	1	111,883	鹿沼市		98,374	0	-
大阪市鶴見区		111,557	4	27,889	江南市		98,359	2	49,180
昭島市		111,539	9	12,393	島田市	簡裁	98,112	3	32,704
浜松市西区		111,353	0	-	神戸市長田区		97,912	2	48,956
ふじみ野市		110,970	3	36,990	さいたま市桜区		97,910	0	-
春日市		110,743	2	55,372					
多治見市	地裁支部	110,441	13	8,495					
三島市	簡裁	110,046	9	12,227					
丸亀市	地裁支部	110,010	26	4,231					

4 地域密着型法律事務所という戦略

自治体	裁判所の有無	法定人口(2015)	弁護士人口(2017.9現在)	弁護士一人当たりの人口	自治体	裁判所の有無	法定人口(2015)	弁護士人口(2017.9現在)	弁護士一人当たりの人口
花巻市	地裁支部	97,702	7	13,957	四国中央市	簡裁	87,413	5	17,483
板野郡		97,673	1	97,673	さいたま市西区		87,146	0	-
上北郡	簡裁	96,904	0		大和郡山市		87,050	2	43,525
宗像市	簡裁	96,516	5	19,303	あま市		86,898	3	28,966
北葛城郡		96,507	6	16,085	柏崎市	簡裁	86,833	2	43,417
糸島市		96,475	2	48,238	八潮市		86,717	2	43,359
宜野湾市		96,243	4	24,061	君津市		86,033	0	-
三原市		96,194	4	24,049	米沢市	地裁支部	85,953	8	10,744
薩摩川内市	地裁支部	96,076	3	32,025	袋井市		85,789	1	85,789
浜松市浜北区		95,900	2	47,950	上益城郡	簡裁	85,768	0	-
千歳市		95,648	3	31,883	堺市 東区		85,189	1	85,189
岡山市東区		95,577	3	31,859	東大和市		85,157	6	14,193
大阪市西淀川区		95,490	1	95,490	京都市上京区		85,113	35	2,432
芦屋市		95,350	24	3,973	摂津市		85,007	3	28,336
安曇野市		95,282	4	23,821	知多市		84,617	1	84,617
神栖市		94,522	6	15,754	岩見沢市	地裁支部	84,499	4	21,125
駿東郡		93,946	4	23,487	綾瀬市		84,460	1	84,460
黒川郡		93,908	0		牛久市		84,317	10	8,432
遠賀郡		93,662	1	93,662	北名古屋市		84,133	1	84,133
浜松市北区		93,567	1	93,567	柴田郡	地裁支部	83,991	5	16,798
北上市		93,511	6	15,585	舞鶴市	地裁支部	83,990	6	13,998
熊本市西区		93,171	10	9,317	中津市	地裁支部	83,965	16	5,248
大阪市中央区		93,069	1,160	80	日光市		83,386	2	41,693
大村市	地裁支部	92,757	9	10,306	上伊那郡		83,275	2	41,638
印西市		92,670	1	92,670	名古屋市中区	地裁本庁	83,203	1,014	82
大阪市西区		92,430	96	963	北九州市若松区		82,844	0	-
射水市		92,308	1	92,308	大仙市	地裁支部	82,783	5	16,557
横手市	地裁支部	92,197	6	15,366	天草市	地裁支部	82,739	6	13,790
大阪市旭区		91,608	1	91,608	京都市下京区		82,668	59	1,401
東松山市		91,437	10	9,144	豊岡市	地裁支部	82,250	8	10,281
高砂市		91,030	2	45,515	行田市		82,113	1	82,113
甲賀市	簡裁	90,901	3	30,300	大阪港区		82,035	0	-
伊賀市	地裁支部	90,581	5	18,116	登米市	地裁支部	81,959	3	27,320
坂井市		90,280	1	90,280	越前市	地裁支部	81,524	4	20,381
茂原市		89,688	7	12,813	近江八幡市		81,312	4	20,328
亀岡市	簡裁	89,479	2	44,740	蒲郡市		81,100	4	20,275
四街道市		89,245	3	29,748	あきる野市		80,954	6	13,492
高山市	地裁支部	89,182	7	12,740	和光市		80,826	3	26,942
大府市		89,157	3	29,719	尾張旭市		80,787	5	16,157
関市		89,153	4	22,288	飯能市	簡裁	80,715	3	26,905
貝塚市		88,694	0		大阪市東成区		80,563	3	26,854
室蘭市	地裁支部	88,564	5	17,713	狛江市		80,249	6	13,375
御殿場市		88,078	2	44,039	長岡京市		80,090	7	11,441
日進市		87,977	4	21,994	由利本荘市	地裁支部	79,927	4	19,982
稲城市		87,636	2	43,818	守山市		79,859	4	19,965
入間郡		87,447	2	43,724					

23

自治体	裁判所の有無	法定人口(2015)	弁護士人口(2017.9現在)	弁護士一人当たりの人口	自治体	裁判所の有無	法定人口(2015)	弁護士人口(2017.9現在)	弁護士一人当たりの人口
燕市		79,784	2	39,892	海部郡		72,472	1	72,472
真岡市	地裁支部	79,539	4	19,885	西彼杵郡		72,352	2	36,176
広島市安芸区		79,353	0	-	蕨市		72,260	1	72,260
福知山市	地裁支部	78,935	8	9,867	佐伯市	地裁支部	72,211	3	24,070
中津川市	簡裁	78,883	3	26,294	太宰府市		72,168	2	36,084
名張市		78,795	4	19,699	碧南市		71,346	1	71,346
渋川市		78,391	2	39,196	武蔵村山市		71,229	2	35,615
龍ケ崎市	地裁支部	78,342	7	11,192	児湯郡		71,218	1	71,218
名古屋市東区		78,043	159	491	柏原市		71,112	1	71,112
本庄市	簡裁	77,881	2	38,941	京田辺市		70,835	6	11,806
田川郡		77,663	0	-	南アルプス市		70,828	0	-
香芝市		77,561	2	38,781	八街市		70,734	2	35,367
香取市	地裁支部	77,499	4	19,375	行橋市	地裁支部	70,586	7	10,084
宇和島市	地裁支部	77,465	9	8,607	知立市		70,501	3	23,500
須賀川市		77,441	2	38,721	鶴ヶ島市		70,255	5	14,051
たつの市	地裁支部	77,419	3	25,806	栗原市	簡裁	69,906	3	23,302
生駒郡		77,200	0	-	大阪市浪速区		69,766	34	2,052
三木市		77,178	1	77,178	吉川市		69,738	1	69,738
城陽市		76,869	1	76,869	恵庭市		69,702	3	23,234
新潟市秋葉区	簡裁	76,843	1	76,843	東茨城郡		69,607	0	-
笠間市	簡裁	76,739	2	38,370	笛吹市		69,559	0	-
名取市		76,668	0	-	揖斐郡		69,303	2	34,652
館林市	簡裁	76,667	4	19,167	豊明市		69,127	1	69,127
交野市		76,435	1	76,435	宮城郡		68,908	0	-
新潟市北区		76,328	0	-	新潟市江南区		68,906	1	68,906
石岡市	簡裁	76,020	2	38,010	北九州市八幡東区		68,844	1	68,844
泉大津市		75,897	3	25,299	泉南郡		68,790	2	34,395
大阪市天王寺区		75,729	32	2,367	伊東市		68,345	4	17,086
北葛飾郡		75,556	0	-	鯖江市		68,284	2	34,142
大田原市	地裁支部	75,457	5	15,091	伊那市	地裁支部	68,271	11	6,206
姶良市	地裁支部	75,173	5	15,035	三戸郡		67,968	0	-
清瀬市		74,864	1	74,864	鹿嶋市		67,879	4	16,970
田辺市	地裁支部	74,770	10	7,477	柳川市	地裁支部	67,777	3	22,592
菊池郡		74,436	4	18,609	北本市		67,409	1	67,409
甲斐市		74,386	0	-	天理市		67,398	3	22,466
犬山市	簡裁	74,308	3	24,769	羽島市		67,337	0	-
大館市	地裁支部	74,175	6	12,363	清須市		67,327	1	67,327
桶川市		73,936	1	73,936	加賀市		67,186	2	33,593
国立市		73,655	10	7,366	塩尻市		67,135	1	67,135
阿南市	地裁支部	73,019	3	24,340	大島郡	簡裁	66,991	1	66,991
鳥栖市	簡裁	72,902	9	8,100	総社市		66,855	1	66,855
木津川市	簡裁	72,840	4	18,210	玉名市	地裁支部	66,782	2	33,391
志木市		72,676	5	14,535	栗東市		66,749	1	66,749
八幡市		72,664	0	-	大阪市此花区		66,656	2	33,328
稲敷郡		72,545	0	-	旭市		66,586	1	66,586
大阪市福島区		72,484	4	18,121	日田市	地裁支部	66,523	6	11,087

自治体	裁判所の有無	法定人口(2015)	弁護士人口(2017.9現在)	弁護士一人当たりの人口	自治体	裁判所の有無	法定人口(2015)	弁護士人口(2017.9現在)	弁護士一人当たりの人口
敦賀市	地裁支部	66,165	7	9,452	長生郡	地裁支部	60,040	1	60,040
名古屋市熱田区		65,895	3	21,965	中郡		59,928	4	14,982
					湖西市		59,789	3	19,930
藤岡市	簡裁	65,708	1	65,708	宇城市	簡裁	59,756	1	59,756
足柄上郡		65,620	1	65,620	下野市		59,431	1	59,431
三豊市		65,524	0	-	観音寺市	地裁支部	59,409	8	7,426
三重郡		65,522	0	-	北九州市戸畑区		59,116	1	59,116
藤井寺市		65,438	1	65,438					
下都賀郡		65,243	0	-	鳴門市	簡裁	59,101	2	29,551
大阪市大正区		65,141	1	65,141	北広島市		59,064	2	29,532
気仙沼市	地裁支部	64,988	8	8,124	福津市		58,781	1	58,781
大和高田市	地裁支部	64,817	13	4,986	南魚沼市	簡裁	58,568	2	29,284
加古郡		64,759	0	-	糸満市		58,547	0	-
守谷市		64,753	5	12,951	安中市		58,531	1	58,531
丹波市	地裁支部	64,660	5	12,932	むつ市	簡裁	58,493	7	8,356
国頭郡		64,496	1	64,496	千代田区	地裁本庁	58,406	6,925	8
銚子市	簡裁	64,415	1	64,415	福生市		58,395	4	14,599
八女市	地裁支部	64,408	2	32,204	合志市		58,370	1	58,370
河北郡		63,955	1	63,955	西多摩郡		58,334	0	-
橋本市	簡裁	63,621	4	15,905	新潟市西蒲区		58,218	0	-
秩父市	地裁支部	63,555	6	10,593	二本松市		58,162	1	58,162
津島市	簡裁	63,431	4	15,858	浜田市	地裁支部	58,105	8	7,263
十和田市	地裁支部	63,429	7	9,061	小郡市		57,983	2	28,992
芳賀郡		63,378	0	-	古賀市		57,959	2	28,980
愛西市		63,088	0	-	土岐市		57,827	2	28,914
山陽小野田市		62,671	3	20,890	南相馬市		57,797	7	8,257
紀の川市		62,616	0	-	大阪狭山市		57,792	0	-
村上市	簡裁	62,442	1	62,442	長久手市		57,598	1	57,598
泉南市		62,438	1	62,438	高岡郡		57,506	0	-
伊達市	簡裁	62,400	0	-	石狩市		57,436	1	57,436
蓮田市		62,380	0	-	逗子市		57,425	5	11,485
田原市		62,364	0	-	佐渡市	地裁支部	57,255	5	11,451
天童市		62,194	0	-	桜井市		57,244	0	-
多賀城市		62,096	1	62,096	直方市	地裁支部	57,146	10	5,715
白河市	地裁支部	61,913	10	6,191	丹羽郡		57,080	0	-
みよし市		61,810	2	30,905	宮古市	地裁支部	56,676	4	14,169
日向市	簡裁	61,761	3	20,587	常滑市		56,547	4	14,137
白井市		61,674	1	61,674	高石市		56,529	1	56,529
名護市	地裁支部	61,674	7	8,811	日高市		56,520	0	-
常総市		61,483	4	15,371	吾妻郡	簡裁	56,391	1	56,391
豊見城市		61,119	2	30,560	宇佐市		56,258	1	56,258
袖ケ浦市		60,952	0	-	四條畷市		56,075	2	28,038
玉野市	簡裁	60,736	2	30,368	茅野市		55,912	3	18,637
東金市	簡裁	60,652	2	30,326	羽村市		55,833	2	27,917
下伊那郡		60,619	0	-	下松市		55,812	2	27,906
千曲市		60,298	1	60,298	児玉郡		55,502	0	-
紫波郡		60,292	0	-	滝沢市		55,463	0	-

自治体	裁判所の有無	法定人口(2015)	弁護士人口(2017.9現在)	弁護士一人当たりの人口	自治体	裁判所の有無	法定人口(2015)	弁護士人口(2017.9現在)	弁護士一人当たりの人口
美濃加茂市		55,384	2	27,692	須坂市		50,725	2	25,363
七尾市	地裁支部	55,325	6	9,221	笠岡市	簡裁	50,568	2	25,284
東伯郡		55,276	0	-	志摩市		50,341	0	-
伊万里市	簡裁	55,238	3	18,413	さぬき市		50,272	0	-
京都郡		55,206	1	55,206	亀山市		50,254	0	-
五所川原市	地裁支部	55,181	5	11,036	中新川郡		50,229	1	50,229
野々市市		55,099	5	11,020	諏訪市	地裁支部	50,140	15	3,343
京丹後市	簡裁	55,054	4	13,764	岡谷市	簡裁	50,128	7	7,161
球磨郡		54,940	0	-	高島市	簡裁	50,025	2	25,013
十日町市	簡裁	54,917	1	54,917	筑紫郡		50,004	2	25,002
羽生市		54,874	0	-	那珂川町		50,004	2	25,002
能代市	地裁支部	54,730	3	18,243	野洲市		49,889	2	24,945
瑞穂市		54,354	1	54,354	富岡市	簡裁	49,746	0	-
湖南市		54,289	0	-	富里市		49,636	5	9,927
那珂市		54,276	0	-	登別市		49,625	1	49,625
阪南市		54,276	0	-	萩市	地裁支部	49,560	4	12,390
塩竈市		54,187	0	-	加茂郡		49,519	1	49,519
日南市	地裁支部	54,090	2	27,045	喜多方市		49,377	1	49,377
坂東市		54,087	1	54,087	日置市	簡裁	49,249	2	24,625
出水市	簡裁	53,758	2	26,879	東浦町		49,230	0	-
三次市	地裁支部	53,615	6	8,936	西白河郡		49,188	1	49,188
岩出市		53,452	0	-	大網白里市		49,184	1	49,184
荒尾市	簡裁	53,407	2	26,704	つくばみらい市		49,136	1	49,136
向日市	簡裁	53,380	1	53,380	武雄市	地裁支部	49,062	8	6,133
坂出市		53,164	1	53,164	倉吉市	地裁支部	49,044	6	8,174
裾野市		52,737	1	52,737	富士吉田市	簡裁	49,003	1	49,003
幸手市		52,524	1	52,524	砺波市	簡裁	49,000	1	49,000
朝倉市	簡裁	52,444	4	13,111	能美市		48,881	1	48,881
常陸太田市	簡裁	52,294	0	-	沼田市	地裁支部	48,676	4	12,169
山鹿市	地裁支部	52,264	2	26,132	小野市		48,580	4	12,145
山武市		52,222	1	52,222	赤穂市		48,567	0	-
三養基郡		52,062	0	-	南都留郡		48,511	0	-
海南市		51,860	0	-	田川市	地裁支部	48,441	6	8,074
結城市		51,594	0	-	筑後市		48,339	3	16,113
富谷町		51,591	0	-	菊池市		48,167	1	48,167
日高郡	簡裁	51,544	0	-	伊豆の国市		48,152	2	24,076
白岡市		51,535	1	51,535	鉾田市		48,147	0	-
五泉市		51,404	0	-	氷見市		47,992	1	47,992
光市		51,369	2	25,685	南国市		47,982	1	47,982
南砺市		51,327	1	51,327	高座郡		47,936	1	47,936
伊予郡		51,303	1	51,303	寒川町		47,936	1	47,936
宮古島市	地裁支部	51,186	4	12,797	東根市		47,768	0	-
恵那市		51,073	1	51,073					
府中町		51,053	2	25,527					
仲多度郡		50,929	0	-					
小美玉市		50,911	0	-					
みどり市		50,906	0	-					

自治体ごとに弁護士一人当たりの人口に大きな差があることが分かります。政令指定都市では、行政区ごとに相当な偏りがあることも読み取れます。これは、弁護士が飽和していると思われていた政令指定都市でも空白エリアを開業地域として選択すれば競合がいない状態で開業できることを意味しています。さらに、この表だけからははっきりといえませんが、これまでの弁護士の傾向に鑑みれば、弁護士が一定数存在する自治体・行政区であっても、その中の特定の地域に法律事務所が密集していることが予想されます。そうすると、密集地から外れた場所を精査して選べば、競合がいない状態で開業できる可能性があります。なお、自治体の中には、登録弁護士が全てインハウスというところもありました。

　また、この表からはさらにもう一点重要なことを読み取ることができます。弁護士一人当たりの必要人口です。開業に当たっては、商圏分析が不可欠です。商圏分析では、どの程度のターゲット人口を確保できれば商圏として成り立ち得るのかが問題となります。マチ弁の場合、ターゲットの年齢、性別などの属性はほとんど問題にならず、商圏内全ての住民・法人（大企業を除く）が潜在的な顧客といえます。この表をどう分析するかはなかなか難しいところですが、裁判所が存在しない自治体を観察していくと、独占的に2～3万人程度の人口を確保できれば十分商圏として成り立つのではないかという仮説を立てることができます。

　この仮説を裁判所の管轄区域という方向からも検証してみましょう。たとえば、山口地方裁判所萩支部の管轄区域。ここには、大企業がありません。また、日本海側で、管轄区域外の都市に行くには時間がかかります。そうすると、萩支部管轄区域内で起こった法的紛争は、その区域内の弁護士が受任していると考えるのが自然です。

　そうすると、以下のような仮定式を立てることができます。

管轄区域内人口　÷　管轄区域内弁護士数
　＝　弁護士一人が事務所を経営していくうえで必要な商圏人口

　調査結果は**図表1-14**のとおりです。

図表1-14　萩支部の状況

萩支部	人口
	2017.1前後
萩市	48,552
長門市	34,764
阿武町	3,371
①合計	86,687
②弁護士数	4
①÷②	21,672

図表1-15　下田支部の状況

下田支部	人口
	2017.1前後
下田市	22,714
東伊豆町	12,742
西伊豆町	8,416
南伊豆町	8,669
河津町	7,513
松崎町	7,007
①合計	67,061
②弁護士数	5
①÷（②－2）	22,354

　萩支部の場合、国選や法テラス案件も、地域の弁護士が一手に担っていると考えられます。これは、東京などの大都市圏の状況とは大きく異なります。地裁支部管轄区域の弁護士が国選や法テラス案件で事務所を維持しているということはあまり想定できないのですが、この点も検証しておきたいところです。

　そこで、次に静岡地方裁判所下田支部管轄区域を取り上げてみたいと思います。この区域には、現在5人の弁護士が登録していますが、うち2名は法テラススタッフ弁護士です。国選の一部や法テラス案件は、法テラススタッフ弁護士が主に受任していると予想されます。そこで、弁護士数から法テラススタッフ弁護士を除いたうえで、先の式にあてはめてみたいと思います。その結果は**図表1-15**のとおりです。

　もっとも、上記の結果はあくまで机上の分析結果にすぎません。萩・下田支部の実態は全く異なるものかもしれません。しかし、その他の支部管轄区域で同じような調査をしても、大差はありませんでした。気になる方は、法曹養成制度改革顧問会議の「法曹人口について」という資料に当たると、参考になるのではないかと思います。

　弁護士一人当たりの必要商圏人口を2～3万人程度と仮定した場合も、以下の点に注意が必要です。

> ①　大都市圏では一人当たりの国選弁護、弁護士会の相談センター、管財人業務などの枠が減少傾向
> ②　大都市圏では公共交通機関の発達により住民の商圏外への流出率が高い

これらは、開業地域によって影響が異なります。特に東京23区では影響が大きいといえるでしょう。たとえば、著者は東京都品川区で開業していますが、最寄駅から電車で2駅で山手線の目黒駅に行けるという場所です。そのような場所であれば、商圏外への流出率を高めに設定する必要があります。著者の場合だと、流出率を60～70％程度と仮定し、商圏を1～1.5km、商圏内人口を6万5000人に設定しました。

　このような注意点はあるものの、以上の分析結果から、商圏内市場を独占できる環境であれば、商圏人口2～3万人程度で法律事務所の経営ができるという仮説にも一定の説得力があるといえるのではないでしょうか。そして、商圏を絞ったうえで地域密着化を図っている弁護士はまだ少ないため、地域密着型法律事務所には競争優位性があるといえます。

5　地域密着型法律事務所のメリット

　次章から地域密着型法律事務所の開業についてより詳しく説明していきますが、本章の締めくくりとして改めて地域密着型法律事務所のメリットをまとめておきます。

(1)　商圏内市場独占

　商圏を精査し、競合がいない場所で開業すれば、商圏内の市場を独占することができます。

(2)　広告宣伝の効率化

　地域密着型法律事務所では、商圏を明確にします。その結果、広告宣伝は商圏内の潜在顧客に対してのみ行えば良いということになります。これにより経営資源の選択と集中、広告宣伝の効率化・省力化を図ることができます。

　この点は、特にインターネット広告について大きな効果を発揮します。詳しくは第4章で扱います。

(3) 先行者利益の確保

ここも詳しくは第3章で説明しますが、地域密着型の法律事務所モデルでは、弁護士が積極的に地域コミュニティに関わることを推奨しています。地域コミュニティで強固な人間関係を築いてしまえば、後から商圏内に法律事務所ができても、築き上げた信頼関係に割って入ることは容易ではありません。

COLUMN ① 即 独

著者は即独をお勧めしません。最大の理由は、即独は、弁護士としての能力と経営者としての能力が同時に求められ、通常の独立開業に比べて難易度が高いからです。

著者は、弁護士登録後、法律事務所で数か月勤務した後、国会議員の秘書になりました。秘書時代は、弁護士としての活動はほとんどしていません。議員秘書を2年ほど務め、退職した直後に独立開業しました。つまり、独立開業当初、弁護士としての実務経験は数か月程度しかありませんでした。数か月で弁護士実務を十分に習得できるはずがありません。ましてや、2年間ほぼ弁護士実務から離れていたので、独立開業時には司法修習時代の記憶もかすれていました。弁護士としての能力は、即独弁護士と変わらないか、さらに劣る状態で独立開業しました。そのため、経営もさることながら、弁護士業にも相当苦労しました。

国選弁護や法テラスの相談枠で事務所経営が何とかなるということであれば良いのかもしれませんが（まだそれが可能な地方もあります）、ゼロから新規開拓しようと考えた場合、相当なストレスを覚悟する必要があります。経験が浅いため法律相談一つとっても緊張の連続です。法廷では何か間違いはないかと冷や汗をかきます。未知の案件ばかりなので書面作成に時間がかかります。その一方で、新規開拓のための営業・広告宣伝方法を考えなければなりませんし、経理もこなさなければなりません。

また、第2章でも述べますが、開業資金を金融機関から借りる場合、融資の

⑷ 地域貢献

　地域密着型法律事務所を開業すると、先に述べたような従来弁護士にアクセスしづらかった人達も事務所に来所するようになります。実際に開業すると「近くに弁護士がいてくれてよかった」という謝意を何度も受けることになると思います。これは、弁護士にとって大きなやりがいといえます。また、地域密着型法律事務所は、地域貢献に資するものであると共に、「法の支配を社会の隅々に」という司法制度改革の理念にも沿うものでもあります。

　審査では、自己資金をどう用意したかという点が重視されます。即独の場合、給与を毎月積み立てて自己資金を用意したということがいえないため、融資で不利な扱いを受けるおそれがあります。

　さらに、即独するということは、新人弁護士として先輩弁護士から指導を受けるという人生に一度しかない機会を失うことを意味します。もちろん、共同受任や弁護士会の支援制度を代替措置として活用することも考えられますが、イソ弁、ノキ弁が事務所内の先輩弁護士から学ぶノウハウには代えられません。

　以上から即独はお勧めしませんが、それでも即独を目指す場合は、できるだけ早い段階で準備を始めるべきです。弁護修習においては、書面作成や法廷への同行に留まらず、事務員の業務や経理についても可能な限り学んでおく必要があります。同時に、第2章で述べる商圏調査などを行い、異業種交流会にも参加し始めておくべきです。開業予定地の創業センターや商工会に相談しておくのも良いでしょう。

　また、弁護士実務について相談できる弁護士を見つけておく、訴訟手続について調べても分からないことがあれば恥ずかしがらずに書記官に尋ねるといった姿勢も重要です。加えて、著者の場合、初証人尋問の前には、事前に他の訴訟の証人尋問を何度も傍聴に行くようにしました。また、受任した案件と近い裁判例を判例検索ソフトで検索し、裁判所に行き事件記録の閲覧を行うようにしていました。

　いずれにせよ、即独の場合、精神的負荷は想像以上だと思いますので、その点に留意していただきたいと思います。

⑸ **通勤地獄からの解放**

　地域密着型法律事務所モデルでは、地域との関係をより深めるという観点から、弁護士の住居も事務所所在地近辺に定めることを推奨しています。大都市圏では通勤は一苦労ですが、地域密着型法律事務所モデルでは通勤地獄からも解放されます。

　地域密着型モデルには、以上のようなメリットがあります。次章では、地域密着型法律事務所の開業準備について説明していきます。

第2章
事務所開業の準備

第2章 事務所開業の準備

本章では、地域密着型法律事務所の開業準備について述べていきます。開業前・開業後の工程表例は**図表2-1**のとおりです。

図表2-1 開業前・開業後の工程表例

		1年前～7か月前	6か月前	5か月前	4か月前
事業計画	売上、資金計画等検討	←――→			
	事務所名決定				
営業	各種異業種交流会の参加	――			
業務関連	書式の作成				
	書籍の購入				
前事務所関連	事務所ノウハウの獲得	←―			
	前事務所退所意向の告知		←――→		
	引継ぎ			←――→	
	前事務所退所				
物件関連	商圏分析	←―――→			
	現地調査		←――→		――→
	物件選び			←――→	
	賃貸借契約締結				
内装・備品関係	レイアウト案作成				←――→
	内装設備検討				
	内装設備購入・組立				
	消耗品等購入				
制作物関係	名刺、封筒など制作物準備				
	制作物印刷				
	挨拶状送付先リストアップ				
	挨拶状印刷				
	挨拶状発送				
通信関係	電話、FAX、ネット回線契約				
	回線工事				
	電話代行無料体験				
	電話代行業者選定				
ウェブ関係	ウェブサイトデザイン研究	←――			
	ウェブサイトデザイン案作成		←―		
	制作業者選定				
	ライティング作業		←―		
	仮サイトアップ				
	本サイト公開				
	各種サイトに事務所情報登録				
看板関係	看板デザイン案作成				
	看板製作業者選定				
	看板製作、取付工事				
相談会関係	無料法律相談会チラシ作成				
	印刷				
	折込				
	相談会実施				
融資関係	自己資金積立				
	融資申込み			←――→	
	面接				←――→
	融資実行				
電話帳関係	電話帳広告申込み				
	電話帳全戸配布				
届出関係	弁護士会への届出				
	税務署などへの届出				
	商店会、商工会など入会				
私生活関係	転居				
	町内会入会				

34

1 事業計画の検討

3か月前	2か月前	1か月前	開業月	2か月後	3か月後	4か月後〜

本書では、既存の顧客、紹介者などがいない状況でゼロから開業することを想定しています。そのような状況だと、開業後に営業・広告宣伝活動を行っても、受任につながるまで3か月はかかると見ておいた方が良いでしょう。黒字化にはさらに時間がかかります。そのため、開業の準備段階で重要なのは、可能な限り支出を抑え開業後の運転資金を残しておくということです。支出を減らす一番のコツは、一つ一つの支出について、本当に必要か精査する、業者に頼まずにできることは自分でやる、という姿勢を持つことです。

1 事業計画の検討

　独立開業を決意したらすぐに着手したいのが事業計画の検討です。金融機関から融資を受ける際、事業計画書は必須の提出書類ですが、金融機関から融資を受けない場合も、将来の見通しを立てるために事業計画の検討は行うべきです。特に資金計画をしっかりと詰めておかないと、蓋を開けてみたら思いのほか開業費用がかかってしまったということになりかねません。もっとも、独立開業を決意してすぐに事業計画が固まるというのは稀ですから、徐々に作り上げていくというイメージで問題ありません。

　事業計画は、経営理念、ビジョン、市場分析、自己分析、商圏、ターゲット、提供サービス、実施計画、資金計画、事業の見通しなどから構成されます。

(1) 経営理念・ビジョン

　経営理念は、事務所の存在意義、経営の基本となる思想、事務所が実現しようとしている価値などを指します。一方、ビジョンは、経営理念を実現するための中長期的な目標です。

　本書では、地域密着型の法律事務所を開業する想定ですので、経営理念・ビジョンはシンプルです。たとえば次のようなものになります。

経営理念：地域の個人・法人に対して法的サービスを提供することで法の支配を社会の隅々まで行き渡らせ、もって基本的人権を擁護し、社会正義を実現する。

ビジョン：上記理念を実現するために、○○地域において地域密着型の法律事務所を開設し、地域住民・法人に各種法的サービスを提供する。

(2) 市場分析・自己分析

　市場分析は、細かく挙げればキリがないため、業界動向、競合事務所の動き、消費者ニーズを検討すればひとまず足ります。

　業界動向は、前章で述べたとおりです。競合事務所（マチ弁）の動きは、場所によって異なりますが、たとえば、都内だと以下の点を挙げることができます。

- 多くの事務所が都心3区に集中している
- もっとも、乗降者数3万人規模の駅にも事務所が開業され始めている
- 他士業と組んで相続セミナーなどを開催する弁護士が増えている
- リスティング広告をはじめとするインターネット広告を活用する弁護士が増えている
- 弁護士ポータルサイト型広告が増えており、出稿する弁護士数が激増中
- ロータリークラブ、ライオンズクラブ、青年会議所は他の弁護士にほぼ押さえられている
- SNSを活用する弁護士が増えている
- 分野特化型事務所が増えている
- 初回法律相談無料を謳う事務所が増えている
- ウェブサイトで弁護士報酬を明示する事務所が増えている
- 夜間、土日にも電話を受け付ける事務所が増えている
- スマートフォン対応の事務所ウェブサイトを制作する事務所が増えている

　上記は、競合事務所の範囲を東京都内とかなり広めにとっています。しかし、競合の範囲を特定の市や区に絞れば、上記の項目のうちいくつかは消えます。たとえば、都内でも、市区によっては電話受付時間が平日10時〜17時までの事務所ばかりという場所もあります。商圏内に法律事務所がゼロ、さらに最寄りの競合事務所は電話受付時間が平日10時〜17時となれば、

差別化は容易です。

一方、地裁支部管轄区域の中には、以下の例があてはまる場所がまだまだあります。

> ・多くの事務所が裁判所近辺に集中している
> ・インターネット広告の活用は一部の事務所に限られている
> ・事務所ウェブサイトを制作していない法律事務所も一定数存在する
> ・弁護士ポータルサイト型広告への出稿数は徐々に増えている
> ・裁判所所在地以外であれば弁護士未加入のロータリークラブ、ライオンズクラブ、青年会議所がある
> ・弁護士報酬について初回の相談料（有料）の掲載に留めている事務所が多い
> ・電話受付時間を平日10時～17時に設定している事務所が多い

このようなエリアだと、消費者ニーズが十分にあれば、新規参入も難しくはありません。

次に、自己分析、特に自己の強みは何であるかですが、これは他の弁護士との差別化ポイントと考えると分かりやすいです。もっとも、この点を自信を持って明言できる弁護士はそう多くないでしょう。弁護士の多くは似た経歴を持っており、理系出身、ITに精通している、企業での就業経験があるといった強みを持つ弁護士は稀です。そこで、発想を転換して、強みについては消費者ニーズに合わせて構築していくという方法が考えられます。

たとえば、消費者が土日祝日対応を望んでいるということであれば、土日祝日対応を行うことで自己の強みとするのです。地域密着型法律事務所という戦略も、法律事務所への移動コストを負担に感じる消費者のニーズに合わせたものといえます。

では、消費者ニーズはどうなっているのでしょうか。取扱い分野に関するニーズを分析する方法もありますが、本書は分野特化型の事務所を目指すわけではないので、さしあたりこの点は割愛します。

また、消費者ニーズの分析には、消費者が意識していない潜在的ニーズを

推測するという切り口もあります。この例としてマーケティングの世界で良く挙げられるのがiPhoneです。iPhoneが普及する前、消費者が携帯電話に求めていたのは、お財布携帯機能やワンセグ機能、防水機能でした。海外産スマートフォン、中でもiPhoneにはこのような機能は付加されておらず、多くの評論家は日本ではiPhoneは売れないと公言していました。結果はご存知のとおりで、今や日本発の携帯電話はガラパゴス携帯と揶揄されてシェアを激減させています。多くの評論家が、操作性やデザイン性、視認性に対する潜在的ニーズを読み違えてしまいました。潜在的ニーズを探るには、相応の調査とセンスが必要です。弁護士ドットコムや前章で挙げた観賞用家系図などは潜在的ニーズを意識したサービスといえますが、このようなサービスを思いつくのは容易ではありません。

　そこで、ある程度顕在化している弁護士に対する要望という側面から消費者ニーズを分析してみましょう。少し古いデータですが、2008年に日本弁護士連合会弁護士業務総合推進センターが、「市民の法的ニーズ調査報告書」を作成しています。この報告書の中に、法律相談に来る前に、相談にためらいを感じた理由に関するアンケート結果が掲載されています。ためらいを感じた理由の上位は**図表2-2**のとおりです（ただし複数回答可）。

　さらに、2016年に同じく日本弁護士連合会弁護士業務総合推進センターが「中小企業の弁護士ニーズ全国調査報告書」を作成しています。この報告書の中に、法的課題を抱えているのに弁護士に相談しなかった理由に関するアンケート結果が掲載されています。理由の上位は**図表2-3**のとおりです（ただし複数回答可）。

図表2-2　相談にためらいを感じた理由
1位　費用が分からない
2位　近づきにくい
3位　相談料が高額
4位　話が難しそう
5位　場所が不便

図表2-3　弁護士に相談しなかった理由
1位　弁護士の問題とは思わなかったから
2位　料金がかかる・分かりにくいから
3位　相談しにくいから
4位　弁護士にツテがなかったから
5位　連絡を取りにくいから

図表2-4 要望から強みを構築

要望	対策（強み）
費用が分かりづらい	事前に明確化
相談料が高い	無料法律相談の活用
ツテがない	積極的な営業活動
場所が不便	地域密着
近づきにくい、連絡を取りにくい	丁寧で迅速な対応
話が難しそう	平易な説明、資料の活用
弁護士の問題か分からない	宣伝活動の工夫

　これらのアンケート結果から、弁護士に対する要望が浮き彫りになります。そして、これらの要望に対応することで自己の強みを構築することができます（**図表2-4**）。

(3) 商圏、ターゲット、提供サービス、実施計画

　商圏については、本章4で取り上げます。ターゲットは、個別の営業・広告宣伝方法ごとに細かく設定する必要がありますが、事務所全体としては商圏内の地域住民・法人、とりわけ法律事務所への移動コストを負担と感じている地域住民・法人と考えていただければ結構です。提供サービスについては、地域密着型法律事務所という特性上、分野は限定せず地域の法律問題一般の解決（訴訟代理、任意交渉代理、書面作成、顧問サービス、法律相談など）となります。重要なのは、サービスをどう提供していくのか、どう広告宣伝していくのかという具体的な実施計画ですが、この点については、開業後の営業・広告宣伝方法という形で、次章以降詳しく検討します。

(4) 資金計画

　資金計画については、設備資金の試算、運転資金の試算及び資金の調達方法を検討する必要があります。

　まず、開業にかかる費用すなわち設備資金です。本書は地域密着型の法律事務所の開業を想定しています。大企業の法務部の管理職が事務所を訪れるといった事態は考えておらず（個人として相談に訪れるケースはあり得ます

が)、地域の住民や法人をターゲットに定めています。そのため、過剰な設備や華美な装飾は不要です。本章冒頭で述べたとおり、設備資金を極力減らし運転資金に回すことが重要です。もちろん、初めて事務所を訪れた相談者が「この事務所は大丈夫だろうか?」と不安を抱くような事務所では受任の機会を逃してしまいます。支出は抑えつつ相談者に不安を抱かせないギリギリのラインを見極めることが大切です。

具体的な中身は後述しますが、設備資金の一例(**図表2-5**)を示します(税別)。

図表2-5　設備資金の一例

賃貸借関係	
敷金	400,000円
礼金	200,000円
仲介手数料	100,000円
前家賃	100,000円
内装・オフィス家具	
ローパーテーション	150,000円
執務スペース家具	200,000円
相談スペース家具	50,000円
電子機器、家電	
デスクトップパソコン	100,000円
複合機	50,000円
電話機	10,000円
シュレッダー	15,000円
冷蔵庫、電気ケトルなど家電	40,000円
事務用品	
ゴム印、大型パンチなど文具	20,000円
名刺・事務所名入り封筒など制作物	20,000円
その他消耗品	10,000円
その他	
看板	120,000円
書籍	100,000円
各種ソフトウェア	50,000円
ウェブサイト開設費	200,000円
回線工事、ドアホンなどその他	100,000円
合　計	2,035,000円

事業計画段階で大切なのは、支出の予測にゆとりを持たせておくことです。実際に準備をしているうちに想定外の支出が発生することは良くあります。上記の例もかなりの余裕を持たせています。

たとえば、不動産業者回りを続けていれば、敷金2か月、礼金2か月という物件に出会うこともあります。ローパーテーションは、本棚・キャビネットで代替するという選択肢があります。デスクトップパソコンは購入せずしばらく手持ちのノートパソコンで我慢することも不可能ではありません。その他諸々削っていけば、設備資金を150万円以下に抑えることも難しくありません。

次に運転資金についてですが、1か月の経費の一例（**図表2-6**）を示します（税別）。

図表2-6　1か月の経費の一例

事務所賃料	100,000円
通信費（モバイル回線含む）	15,000円
光熱水道費	10,000円
広告宣伝費	30,000円
書籍代	20,000円
交通費	15,000円
消耗品費	10,000円
交際費	30,000円
弁護士会費	60,000円
電話代行費	15,000円
判例検索ソフト使用料	10,000円
その他	15,000円
合　計	330,000円

月々の経費についても、事務所が軌道に乗るまでは可能な限り抑える必要があります。融資を受けた場合、月々の返済も考慮する必要がありますが、日本政策金融公庫の創業融資などでは据置期間（利息のみの支払で良い期間）が半年～1年ほどありますので、ここでは利息をその他の項目に含めるに留めています。また、その他の項目には、弁護士賠償責任保険料を月割りした

ものも含まれています。また、弁護士会費は会によって大きな開きがありますが、6万円と仮定しています。

　開業時にどの程度の資金を用意しておくかですが、設備資金＋運転資金（経費6か月分）＋生活費6か月分は確保しておくことが望ましいでしょう。開業当初の生活費は、単身者の場合であれば、20万円以下に抑えたいところです。そうすると、約50万円が毎月の経費＋生活費ということになり、6か月分だと300万円になります。前記の設備資金と合わせて500万円の資金があればひとまず安心といえます。既婚者の場合は、世帯人数や子どもの年齢などによって左右されますが、極力節約すべきです。

　以上を踏まえて資金の調達方法を考える必要があります。資金を全て自己資金で賄い、無借金経営を行うことができれば理想的です。しかし、これはかなりハードルが高いといえます。そこで、第三者からの資金調達を考えることになります。親族などから借りられればそれに越したことはありませんが、難しい場合は、金融機関などからの融資を検討することになります。

　開業のための融資として利用しやすいのは、人的・物的担保が不要な日本政策金融公庫の創業融資や自治体の制度融資です。特に日本政策金融公庫の創業融資は、申込みから融資までの期間が1〜2か月程度と迅速、自己資金要件が緩いなどの理由から、若手弁護士にとっても利用しやすい融資です。弁護士過疎地で開業する場合は、日本弁護士連合会の偏在対応弁護士等経済的支援制度の活用を検討すると良いでしょう。

　創業融資、制度融資共に審査面接があります。創業理由、事業内容、過去の経歴、売上の見通し、資金計画、生活資金、開業予定場所などについて質問されます。面接時間は1時間程度です。審査の際、自己資金をどう調達したのかについても聞かれます。審査面接の目的は、融資申込者が返済できるかをチェックすることにありますが、融資担当者は、融資申込者が堅実に自己資金を積み立ててきたかを重視します。積立てができる人は、返済もできるだろうと考えるのです。親族などからの贈与も一応自己資金として扱われるものの、返済可能性を担保するものではないと思われてしまうのです。開業を決意したら、毎月一定額を自己資金として積み立て、融資担当者に対し

て通帳を示して説明できるようにしておきましょう。

なお、諸々の支出が発生することを考えると、融資は開業2～3か月前までに完了するようにしておくことが望ましいです。

著者の実体験① 資金計画

著者の場合、開業の設備資金は以下のとおりでした（税別）。

賃貸借関係	
敷金	200,000円
礼金	200,000円
仲介手数料	100,000円
前家賃	100,000円
内装・オフィス家具	
ローパーテーション	40,000円
デスク×2	30,000円
チェア×2	50,000円
サイドキャビネット	20,000円
本棚	25,000円
レターケース	2,000円
プリンターワゴン	5,000円
ソファベッド	20,000円
相談スペース用テーブル	20,000円
相談スペース用チェア×4	20,000円
傘立て	3,000円
コートハンガー	7,000円
電子機器、家電	
デスクトップパソコン	100,000円
モノクロA4レーザー複合機	40,000円
電話機	10,000円
シュレッダー	4,000円
電気ケトル	4,000円
事務用品	
ゴム印、大型パンチなど文具	20,000円
事務所名入り封筒（角2×100、長3×300）	10,000円
名刺×500	3,000円
三つ折りパンフレット×300	8,000円
その他消耗品	10,000円
その他	
看板類	100,000円
書籍	100,000円
各種ソフトウェア	50,000円
ウェブサイト開設費	200,000円
回線工事などその他	100,000円
合　計	**1,601,000円**

また、1か月の経費は本文中の例とほぼ同じですが、以下のとおりです（税別）。

事務所賃料	100,000円
通信費（モバイル回線含む）	15,000円
光熱水道費	10,000円
広告宣伝費	30,000円
書籍代	20,000円
交通費	10,000円
消耗品費	10,000円
交際費	30,000円
弁護士会費	40,000円
電話代行費	15,000円
判例検索ソフト使用料	10,000円
その他	15,000円
合　計	**305,000円**

　著者の場合、事務所物件にユニットバスが付いており（居住用の物件というわけではありません）、ソファベッドを置いて事務所に寝泊まりしていたため住居費がかからず、開業当初の経費＋生活費は月額40万円程度でした。

　次に、資金調達についてですが、著者の当時の預貯金は、180万円程度でした。日本政策金融公庫からの融資は150万円。合計330万円が著者の設備資金、運転資金、当座の生活費ということになります。かなりギリギリの独立開業でした。精神衛生上、自己資金は300万円は欲しかったです。ちなみに、当時、奨学金の残債も500万円ほどありました。

COLUMN ② マチ弁モデルの再構築

　本書は、従来のマチ弁モデルを再構築することも目指しています。本文中、開業当初の月の経費＋生活費で50万円という数字を出しました。これまで、マチ弁（ボス弁）は売上2000万円以上というのが普通だったのではないかと思います。著者が修習生だった2011年頃、修習地の弁護士は外車に乗っているのが当たり前でした。多くの弁護士が羽振りも良かったです。しかし、弁護士人口が増え、競争が激化しつつある現在、そのような売上や生活スタイルをこれから独立開業する若手弁護士が維持することは容易ではありません。事務所の継続性を考えるうえでは、最低売上目標は低めに設定し、経費や生活レベルもそれに見合ったものにするのが安全です。

　著者が本書の中で前提にしているマチ弁像、再構築後のマチ弁モデルは以下のとおりです。

・事務所売上目標900万〜1200万程度
　（事務員を雇う場合は1200万〜1500万程度）
・商圏を絞った地域密着型
・積極的な地域活動への参加
・職住近接
・既婚者の場合はフルタイム共働き

　商圏を絞る関係上、どうしても売上には限界があります。しかし、上記の売上でも、経費を300〜400万円程度（事務員を雇う場合は600〜700万円程度）に抑えれば、所得を500〜900万円程度確保することができます。所得500万円というのは、従来の弁護士からすれば相当低いということになるでしょう。ですが、苛烈な競争に巻き込まれることなく経営できること、事業主としての自由を得られること（それ故に弁護団活動など事務所外での活動にも積極的に参加できること）、定年が存在しないことなどを考慮すれば十分な生活ではないでしょうか。事件を抱え過ぎる必要もなく、一つ一つの案件に時間をかけることができます。また、売上目標を低めに設定し、それに見合った経費構造にしておけば、稀に入る大きな案件で成功報酬が得られれば一気に所得が増えるこ

とになります。

　ちなみに、著者の事務所は、現在も月60万円の売上があれば生活も含めて回るように設計しています。顧問料が月約20万円入るので、新規の案件で40万円を売り上げれば事務所を維持できるということになります。成功報酬分を織り込んで考えれば、月1～2件の新規の依頼があれば足ります。実際にはそれをかなり上回る売上になっているので、満足のいく生活が送れています。なお、2017年の年間最低売上目標は、上半期で達成しており、それ故7月以降、本書の執筆に集中できたという事情があります。

　また、地域密着型の法律事務所というのは、遠出できないような依頼者しか来ないから債務整理案件ばかりなのではないかと思われるかもしれません。しかし、著者の事務所では、債務整理案件は、全体の1割未満です。おそらく地域の債務整理案件のほとんどが、テレビコマーシャルを行っているような事務所に流れているのではないかと思います。依頼者の多くは、お金がないというよりも、仕事や健康上の理由で近隣の弁護士を探していたという方々です。開業以来、「どうすれば良いか分からずに悩んでいましたが、近くに弁護士先生がいてくれて本当に助かりました」という感謝の言葉を何度聞いたか分かりません。案件も、幸いなことに会社関係訴訟から家事事件まで幅広く受任しており、偏ることなく実務経験を積むことができています。

　詳細は第3章で取り上げますが、再構築後のマチ弁モデルは、地域活動への積極的参加を通じた案件の獲得を目指します。地域活動に励むことのメリットは、経営上のものだけではありません。地域住民に弁護士の役割を知ってもらえるというメリットもあります。弁護士の社会的な使命の中には、一般の市民に理解してもらいにくいものがあります。「凶悪犯」と報じられる被疑者・被告人の弁護はその最たるものでしょう。弁護士が地域コミュニティに入っていくということは、地域住民に我々弁護士の役割を説明する機会を得るということをも意味しています。これは、我々の業界にとって重要なことだと考えています。

　以上が、著者の提案する再構築後のマチ弁モデルです。泥臭く、高額所得ともいえませんが、それほど悪くないモデルではないかと考えています。

⑸ 事業の見通し

　事業の見通しについても考えておく必要があります。開業日から1年後までの見通しを検討しましょう。ここではあまり難しく考えず、簡単な資金繰り表を作成する程度で問題ありません。また、事業を維持するためには自己の生活も維持しなければなりません。資金繰り表の支出として、月の経費のみならず生活費も計上しておくとイメージが湧きやすくなります。

　月の経費＋生活費が50万円だとすると、月の売上平均がこれを上回れば事務所は回るということになります。法律相談を1回5000円、法律相談後の受任率を25％（ただし、受任は相談から1か月後とする）、着手金を1件24万円、成功報酬を1件24万円（ただし、成功報酬が得られる確率は受任事件の50％と考え、着手金24万円に対応する成功報酬48万円を2で除したものをここでは用い、受任後半年後に得られるものとする）と仮定し、開業時に資金が300万円残っているとすると**図表2-7**のようになります。支出については、⑷で検討しているので細かくは記載していません。

　実際には、契約書や遺言作成などの手数料収入があったり、民事法律扶助の自己破産案件のようにそもそも成功報酬が発生しない案件があったりと、売上は複雑ですが、ここでは自分の中でイメージを持つことが大切であるため、簡易化しています。

　前記のとおり、既存の顧客、紹介者などがいない状況でゼロから開業することを想定していますので、本当はこの見通しの数字には根拠がないという

図表2-7　資金繰り表例

		開業月	2か月目	3か月目	4か月目	5か月目
収入	法律相談	0	0	20,000	20,000	20,000
	着手金	0	0	0	240,000	240,000
	成功報酬	0	0	0	0	0
支出	経費	330,000	330,000	330,000	330,000	330,000
	生活費	170,000	170,000	170,000	170,000	170,000
	残資金	2,500,000	2,000,000	1,520,000	1,280,000	1,040,000

ことになります。それにもかかわらず、このような見通しを検討するのは、どの程度の売上が上がれば事務所を維持できるかということを意識するためです。したがって、これは当座の売上目標としての意味合いが強く、この目標を達成するために、実施計画を策定していく必要があります。

異業種交流会への参加

　具体的には第3章で述べますが、異業種交流会への参加は、新規案件獲得の契機となります。独立開業を決意したら、さらにいえば決意するよりも前から、異業種交流会には参加するようにしましょう。

　独立開業前に異業種交流会に参加しておくメリットは、新規案件獲得の布石に留まりません。たとえば、独立開業時に事務所のウェブサイトも立ち上げることが理想です。ウェブサイトの制作費用はピンキリで、高額な場合は100万円を超えます（そこまで費用をかけることは全くお勧めしませんが）。どの制作業者に依頼するかは悩ましい問題ですが、異業種交流会で信頼できる業者に出会っておけば、この問題は解消します。

　また、異業種交流会の中でも創業塾・起業塾といった創業・起業予定者向けのものは開業後には参加できない場合があります。創業塾・起業塾に参加するメリットは、事業計画などを考える際に参考になるというだけではなく、一緒に受講している起業家の卵と親しくなれるということにもあります。創

6か月目	7か月目	8か月目	9か月目	10か月目	11か月目	12か月目
20,000	30,000	30,000	30,000	30,000	30,000	30,000
240,000	240,000	240,000	480,000	240,000	480,000	240,000
0	0	0	0	240,000	240,000	240,000
330,000	330,000	330,000	330,000	330,000	330,000	330,000
170,000	170,000	170,000	170,000	170,000	170,000	170,000
800,000	570,000	340,000	350,000	360,000	610,000	620,000

業・起業時の悩みを共有できる仲間は貴重ですし、将来の顧問先候補にもなります。

所属事務所での事務所運営ノウハウの獲得

　独立開業する場合、請求書、領収書、FAX送付票などの書式を用意する必要があります。開業後、一から作るとなると膨大な作業が必要となります。開業前に少しずつ準備しておけば、開業後は書式作成作業から解放され、経営・弁護士業務に専念できます。

　また、後述しますが、本書では経営が軌道に乗るまで事務員を雇用しないことをお勧めしています。事務員を雇用しない場合、普通の法律事務所であれば事務員が担当するような業務も弁護士自身が行わなければならなくなります。伝票・資料の整理方法、予約から相談実施までの依頼者対応などです。所属事務所の事務員から少しずつ学んでおく、事務員用の研修資料で勉強しておくなどしておきましょう。

　さらに、所属事務所の売上や経費についての情報が得られると、事務所経営のイメージが湧きます。仮に所属事務所自体の情報を得られなくとも、自分が担当している案件の報酬と経費の関係は意識するようにし、経営のシミュレーションを行っておくことが重要です。

開業場所の決定

(1) 商圏分析

　図表 2-1 の工程表例では、開業地域の選定にかなりの期間を割り当てています。これは地域密着型法律事務所にとって、開業地域が極めて重要な意味を持つためです。地域密着型法律事務所の戦略は、商圏を絞り、経営資源を商圏内に集中投下し、商圏内市場で優位性を獲得するというものです。商圏の評価を誤り、ニーズが少ない、あるいは、商圏内の見込顧客が想定以上に商圏外に流出するという事態が生じると、思うように売上が上がらなくなり

ます。一旦事務所を開業してしまうと、移転コストは大きく、再起不能という事態に陥りかねません。逆に、適切な商圏分析により、商圏内市場の独占に成功すれば、広告宣伝費をほとんどかけずに顧客を得ることができます。地域密着型法律事務所成功の鍵は、開業地域の選定にかかっているといっても過言ではありません。もちろん、これはと思う開業地域がすぐに見つかれば、選定期間の短縮は可能です。その場合、開業までの準備期間は半年もあれば十分でしょう。

開業地域の選定方法について具体的に見ていきます。

まず、第1章で述べたとおり、弁護士一人当たりの必要人口は、2～3万人程度と推測されます。東京23区のように商圏外への流出率が高いエリアでは商圏内人口を多めに、たとえば6～7万人程度と試算する方が安全です。

次に商圏の広さですが、一般人がストレスなく活動できる範囲というのは、徒歩なら500m、自転車なら2～3km、自動車なら5～10km程度です。電車利用者については2～3駅程度でしょう。交通網、地形に左右されるため絶対的基準ではありませんが、商圏半径を2倍した距離に競合が存在しなければ、商圏内での距離的優位性を獲得できることになります。商圏半径は、前記のストレスなく活動できる範囲と交通網を考慮すれば、東京近郊であれば、1～2km、県庁所在地、政令指定都市であれば1.5～3km、それ以外であれば3～5km程度が一つの目安になります。

上記を念頭に、検討を進めます。まず、最も簡単なのは、人口が5万人を超えているにもかかわらず弁護士の存在しない自治体や弁護士が一人増えても弁護士一人当たりの人口が5万人を超えるような自治体を選ぶことです。第1章の分析で、こういった自治体が多数存在することが判明しています。もっとも、自身の生活圏を大幅に移せないなど様々な事情により、開業可能な地方が限られている方も多いはずです。そこで、次の方法です。

独立開業したい地方・自治体の地図に競合事務所をマッピングしていきます。日本弁護士連合会ウェブサイトの弁護士情報検索システムを利用すれば、この調査は簡単に行うことができます。

ここで、重要なことは、活動実態がありそうな事務所となさそうな事務所

を分けてマッピングすることです。活動実態がない事務所を競合と考える必要はありません。活動実態がない事務所を地図上から完全に消去しない理由は、コラム③で述べます。

以下のような事務所は活動実態がほぼないものと推測できます。

> ・弁護士情報検索システムに事務所名が登録されていない
> ・電話番号とFAX番号が同一
> ・アクセスの悪いマンションの一室に所在
> ・アクセスの悪い一軒家に所在

このようなマッピングにより弁護士空白地帯が浮かび上がってきます。弁護士空白地帯が自治体の境界に近い場合は、隣の自治体の境界付近の競合状況についても調べる必要があります。弁護士の競合相手としては、相続関係を中心に司法書士、行政書士、税理士なども挙げられることがあります。しかし、彼らは案件の有力な紹介元になる可能性もあるため、このマッピング段階では考慮する必要はありません。

次に弁護士空白地帯の中で駅や役所、大きな商店街がないか探し、これらもマッピングします。商店街に関しては地図上で発見するのは困難ですが、検索エンジンで「自治体名　商店街」と検索すれば調べることができます。駅や大きな商店街を探す理由は、弁護士空白地帯の中心街を把握するためです。また役所については、法律問題を抱えた住民が多く訪れる施設であるため、その近隣に開業する可能性を考慮してのことです。

さらに、駅や役所、大きな商店街周辺の人口を調べます。これは、駅や役所、大きな商店街周辺で開業した場合の商圏人口を把握するためです。各施設を中心として前記の目安を参考に商圏半径分の円を描き、その内部の人口を調べます。円は、地図上に直接書くのも良いですが、住所・施設名を入力すれば地図上に自動で同心円を描いてくれるウェブサイトもありますので参考にしてください。円内の人口については、各自治体のウェブサイトに掲載されている地区別、町丁別の人口統計を閲覧すれば調べることができます。その

図表2-8　商圏分析イメージ

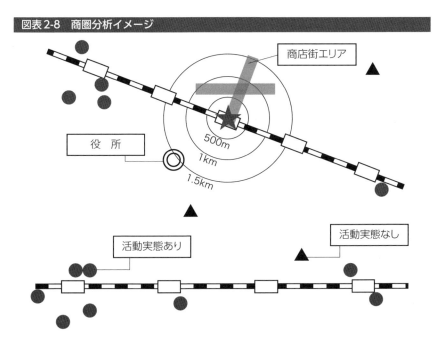

　他、商圏分析のためのツールを提供しているウェブサイトもあります。特に、統計局が提供するjSTAT MAP（地図による小地域分析）は、国勢調査のデータを地図上に表示させることができ、店舗出店の際の商圏調査にも利用されています。

　このように調べていくと、弁護士空白地帯で、かつ、商圏人口を確保できるような開業候補地を見つけることができます。とはいえ、なかなか開業候補地発見の要領がつかめないこともあり得ます。そういう場合は、検索エンジンで「地方名（自治体名）　相続相談会」と検索すると、その地方（自治体）で相続相談会が開催された場所が見つかります。相続相談会が実施されたということは、税理士や行政書士などが、その地域に一定の相続ニーズがあると判断したということなので、競合事務所がなければ開業候補地として挙げることができるでしょう。

　開業候補地を挙げていく際、インターネット広告の調査も並行して行うと良いでしょう。これは競合事務所調査の一種です。たとえば開業候補地とし

て挙げた地域に多くの法律事務所がリスティング広告を出していた場合、開業後のWeb対策に影響を与えます。開業時に事務所のウェブサイトを立ち上げることが理想ですが、商圏内の住民が検索エンジンで弁護士を探す際、事務所ウェブサイトが検索結果上位に表示されなければ問い合わせを受けることができません。リスティング広告は、検索結果よりも上位の広告欄に表示されることが多いため、複数の事務所がリスティング広告を行っていた場

COLUMN ③ 商圏内弁護士との付き合い方

　本文では競争を極力避けるという発想のもと、空白エリアを見つける方法を検討しましたが、非空白エリアに参入するという選択肢もあります。

　たとえば、本文中、活動実態がある事務所とない事務所を分けてマッピングすると述べましたが、活動実態のほとんどない事務所の近くに進出するパターンです。

　広告が解禁される前、弁護士業界は紹介を中心に回っていました。紹介は、顧問先、過去の顧客からというものもありますが、同業者である弁護士からのものも多くありました。これは、競争が激化した現在であっても変わりません。利益相反などにより同業者に案件を紹介する機会はあります。

　活動実態のほとんどない事務所であっても、弁護士登録の取消し請求を行っていない以上、顧問先や固定客を有している可能性があります。そして、当該活動実態のほとんどない事務所の弁護士が高齢の場合、引退時期を窺っている可能性もあります。活動実態のほとんどない法律事務所の近辺に進出し、そこの弁護士と信頼関係を築き紹介を受ける、地盤を引き継ぐというやり方もWin-Winな関係といえなくもありません。もちろん、地盤を引き継いだだけでは成長性に欠けますので、進出した地域に十分な潜在顧客がいることが前提です。

　引退を考えている弁護士は意外に多いようで、著者の周りでも他の弁護士から事務所の地盤を引き継いだという話を聞くことがあります。もっとも、著者の友人・知人達はそういったことを元々狙っていたわけではなく、たまたま派閥や委員会で気に入られてそのような機会に恵まれたというケースばかりですが。

合、どれだけ対策を行っても、それらの広告よりも下位に表示されることになります。そうすると、こちらもリスティング広告を出さざるを得ないという状況に追い込まれる可能性もあります。

具体的な調査方法としては、「地域名　弁護士」「地域名　法律事務所」で検索してみることです。この際、たとえば当該地域から移動に30分以上要するような事務所が広告を出していた場合は、あまり気にする必要はありま

もう一つ、こちらはいささか意地の悪い方法です。活動実態がある法律事務所が存在するものの、当該事務所が広告宣伝活動をほとんど行っていないような地域に進出するという方法です。すなわち、競争を避けるのではなく、積極的に競争を仕掛けていく戦略です。当該地域で電撃的に開業し、広告宣伝費を集中投下、当該地域における知名度を一気に上げます。開業時には当該地域の弁護士にはあいさつにも行かず、折込広告などの対象範囲から当該弁護士の事務所を外し（ただし自宅までは排除できません）、当該弁護士が、他の弁護士が進出してきたと気づいたときには囲い込みを完成させておくのです。

このように書くと相当にえげつない方法ですが、実際にこのようなことは地方で起こっています。地裁支部管轄区域の中には、事務所ウェブサイトを持っている弁護士がほとんどいないという地域がまだあります。広告宣伝活動を積極的に行わなくても顧客が勝手に事務所を探してくれるような地域です。そのような地域で若手弁護士が独立開業し、事務所のウェブサイトを立ち上げ、積極的に広告宣伝活動を行うと一気に市場シェアを奪うことになります。

なお、このような戦略を採る場合は、競合弁護士が地域でどの程度の影響力を持っているかを事前に商工会、地元不動産業者などに聞き込みを行い把握しておくことが大切です。弁護士が少ない地域では、古くから根付いている弁護士が地元の名士扱いになっている場合もあります。攻勢を仕掛けたつもりが逆に地域で村八分にされるという反撃にあってはひとたまりもありません。

このように競合に積極的に競争を仕掛ける戦略は、妬みや嫉妬を生む可能性があるので、著者としては競争せずに顧客を得る方向で開業地域を選定することをお勧めします。

せん。強力な競合相手とはいえないからです。移動時間10〜15分程度の距離にある事務所が広告を出していた場合は、競合となり得るため要注意です。他に有望な地域があるようであれば、強いて開業候補地として挙げなくても良いかもしれません。

なお、上記の調査も含め、検索エンジンで調査を行う際は、過去の閲覧情報の影響に注意が必要です。検索エンジンは、ユーザーの過去の閲覧情報から、そのユーザーにとって適していると思われる検索結果を表示します。これでは精度の高い調査が行えません。したがって、検索エンジンを使った調査では、過去の閲覧情報を使わないシークレットモードを利用する必要があります。もっとも、IPアドレスを使った位置情報の影響は、シークレットモードでも排除できません。位置情報の影響まで排除した調査を行うためには専用ツールを使う必要があります。

以上のような手順を踏めば複数の開業候補地を挙げることができるはずです。この段階では、まだ現地調査を行っておらず、実際の開業候補地としての適否は不明ですから、数を絞り過ぎず、できるだけ多くの候補を挙げた方が良いです。

(2) 現地調査

開業候補地を挙げることができたら次は現地調査です。実際に開業候補地に行き、町を歩いてみましょう。現地調査では、以下の項目を確認します。一部の調査は、現地調査だけでは足らずインターネット調査も併せて行う必要があります。

【競合関係】
- ☐ 弁護士と提携している司法書士、行政書士、税理士事務所はあるか
- ☐ タウンページの弁護士欄の広告出稿状況はどうか

【商圏外への流出可能性】
- ☐ 電車、バスの路線はどうなっているか
- ☐ より大きな町へつながる道路はあるか

【潜在顧客の把握】
- ☐ 住民の年齢構成
- ☐ 高層マンション、一軒家などの住宅事情
- ☐ 街の発展可能性（再開発など）、活気
- ☐ 顧問契約を結んでくれそうな中小企業はあるか

【経費関係】
- ☐ 家賃相場
- ☐ 裁判所までのアクセス（参考程度に）

【顧客のアクセス容易性】
- ☐ 事務所として適切そうな物件は豊富か
- ☐ 幹線道路、線路、川などが町を分断していないか
- ☐ 周辺の道は単純か、道案内しやすそうなシンボルはあるか
- ☐ 坂の有無

【開業後の顧客へのアプローチ】
- ☐ 近隣に無料法律相談会を開催できそうな場所があるか
- ☐ タウンページのカバーエリアはどうなっているか

【事務所看板の訴求力】
- ☐ 歩行者、自転車の多さ

【直観】
- ☐ 開業時、開業5年後のイメージが湧くか
- ☐ その町を好きになれそうか

　候補地がどのようなエリアかによって重視する点は変わります。たとえば、大都市圏であれば、潜在顧客の自動車保有率は高くないため、より大きな町へつながる道路があるかという項目は重要ではありません。一方で、電車やバスの路線には注意する必要があります。急行電車の停車駅だと、競合事務所と距離があったとしても、移動時間をかけずに競合事務所にたどり着ける可能性があり、地域住民の商圏外流出可能性は高いといえます。物理的な距離だけでは分析しきれないのは歩行者についても同じです。近い場所に事務所があっても、その事務所に行くために坂道を登らなければならない、開かずの踏切を通らなければならないなどの障害があると、多少遠くても楽な順

図表2-9　地方で事務所看板が効果を発揮するパターン

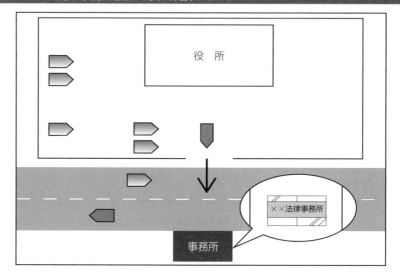

路にある事務所を選ぶこともあります。商圏は単純な円ではなく、外縁が凸凹になることもあるということは認識しておきましょう。

　また、歩行者が多い大都市圏だと事務所看板の訴求力が相対的に上がり、自動車保有率が高い地方だと下がります。もっとも、自動車保有率が高い地方でも、たとえば市役所の駐車場出入口正面に事務所を構え、市役所から出ようとする地域住民の目線に事務所看板が自然と入るような場合であれば、看板の訴求力は高まります（**図表2-9**）。

　住民の年齢構成や住宅事情は、相続案件が発生する見込みを考えるうえで参考になります。近隣に富裕層エリアがあれば単価の高い案件を受任できる可能性があります。また、住民の年齢構成が高い場合は、ウェブサイトに力を入れるよりも紙媒体の広告手段に力を入れた方が良さそうだといった推測もできます。高齢者向けの紙媒体広告としては、タウンページも依然効果がありますが、候補地が自治体の境界に位置している場合は、タウンページのカバーエリアにも注目しましょう。自治体の境界でカバーエリアも分かれている場合は、広告料が2倍になってしまいます。一方、場所によっては、タ

ウンページのカバーエリアが隣接自治体にまで及んでいる場合があります。

街の発展可能性については、商店街のシャッター率、再開発計画の有無などで把握していきますが、その他、人口の変化に着目する方法もあります。人口減少傾向が著しい地域は、今は商圏として十分な潜在顧客がいたとしても、10年後には市場が枯渇してしまう可能性があります。

現地調査においては、役所や商工会の創業支援窓口を訪れることも有用です。特に候補地の自治体内に弁護士が少ないような地域であれば、役所や商工会と協力関係を築くことができるかもしれません。場合によっては物件の紹介を受けられることもあり得ます。また、開業後の新規開拓可能性を把握するために、役所では市民相談の担当弁護士として参入できそうか、商工会では商工会主催セミナーの講師を担当できそうかなどをヒアリングしましょう。

最後に、著者個人は、「その町を好きになれそうか」という評価軸が極めて重要だと考えています。本書は、地域密着型の法律事務所の開業を念頭に置いています。地域密着といいながら、その地域のことが嫌いだというのでは経営方針にも影響が出てしまいます。第3章で述べますが、地域で仕事を得ようとするならば、地域に積極的に溶け込んでいく必要があります。地域と共に歩むくらいの意気込みがなければ、地域のイベントなどに参加するモチベーションを維持できません。是非、各候補地を回っていただき、愛着の持てそうな地域を見つけていただきたいと思います。

以上のような調査を行い、最終候補地を2～3地域に絞りましょう。

(3) 物件選び
ア 物件の探し方

最終候補地が2～3地域に絞れたら、物件を見て回ることになります。まず、どのように物件を探すかですが、インターネットの不動産サイトで調べると共に、地域に根差した町の不動産業者をできるだけ多く回りましょう。非公開物件の情報を所持している可能性がありますし、何よりもその町のことをより詳しく知るチャンスです。町の雰囲気、住民の特性はもちろんのこ

著者の実体験②

開業地域の選定

　著者も本文中で述べた手法を使って開業地域の選定を行いました。東京都世田谷区、品川区、大田区、目黒区周辺で開業しようと考えていたため、それらの自治体の地図を購入し、法律事務所を一つ一つマッピングしていきました。次に、弁護士空白地帯にある駅の乗降者数や周辺人口を調べ、人数が多い駅をリストアップしました。

　そして、現地調査の結果、最終候補地を品川区の武蔵小山駅周辺と戸越銀座駅周辺に絞りました。両駅とも、メディアにも取り上げられる有名商店街がある地域ですが、当時駅周辺にマチ弁の事務所がない状態でした。両駅のプラス要素とマイナス要素を比較し、最終的に武蔵小山駅周辺で独立開業することを選びました。当時著者が考えた武蔵小山駅のプラス要素、マイナス要素は以下のとおりです。

■プラス要素

・大きな商店街があり、歩行者が多い（事務所看板の訴求力）
・大規模な再開発計画あり（発展可能性、立退き案件が増える？）
・幹線道路から離れている（顧客のアクセス容易性）
・坂が少ない（顧客のアクセス容易性）
・駅前が整備されており町の構造が単純（顧客のアクセス容易性）
・住民の年齢構成、一軒家比率のバランスが良い（潜在顧客の把握）
・大きな区民センターがある（開業後の顧客へのアプローチ）
・上記区民センターで過去数回相続セミナーが開かれている（潜在顧客の把握）
・区役所の支所がある（潜在顧客の把握）
・飲食店が多く単身者も住みやすい（直観）
・町が気に入った（直観）

■マイナス要素

・五反田駅、目黒駅といった法律事務所の多い駅が近い（競合、商圏が狭い）

・2012年まで法務局目黒出張所が近隣にあったため司法書士事務所が一定数存在する（競合）
・品川区と目黒区の区境（広告が打ちにくい）
・家賃が比較的高い（経費）

　商圏を狭くせざるを得ないというマイナス要素は、無視できない不安材料でした。競合事務所を意識すると、五反田駅、目黒駅方面の商圏半径を750m程度に縮小せざるを得ません。そこで、五反田駅、目黒駅とは反対方向の商圏半径を拡張し、内側の人口を調べました。その結果、約6万5000人の商圏内人口を確保できることが分かりました。これならば、仮に商圏外への流出率を70％だと考えても、2万人の水準に近づけることができます。

　その他のマイナス要素についてですが、司法書士事務所については、広告を出していたり、ウェブサイトを開設している事務所がほとんどなかったので競合としては問題視しなくても良いと考えました。区境という点は、検索エンジンによる検索容易性の点からは大きなマイナス要素です。品川区側で開業した場合、目黒区側の地域住民が「目黒区　弁護士」で検索すると顧客獲得機会を逃がしてしまいます。しかし、武蔵小山自体が大きな駅であり、「武蔵小山　弁護士」で検索する場合の方が多いと考えました。また、高齢者向けの広告媒体として重要なタウンページについては、目黒区と品川区は一冊にまとまっていたため区境の影響は大きくないと推測しました。家賃については、やや高いといっても、23区内である以上やむを得ません。

　いくつかの不安材料は残ったものの、実際に武蔵小山という町を歩いてみて気に入ったことが決定打となり、同地を開業地域に定めました。

と、たとえば不動産トラブルが起こった場合にどこの弁護士に頼んでいるのか、町の人が良く相談している弁護士はいるのかなどの情報が得られる可能性もあります。また、開業前に地域の不動産業者に何度か足を運んでおくと、開業時にあいさつ回りを行いやすくなります。不動産業者は、自社で使っている再契約型定期借家契約書の有効性や債権法改正を踏まえた契約書修正の必要性などに不安を抱いている場合もあり潜在顧客として有望です。管理物件のオーナーから居住者トラブルについて相談を受けて紹介できる弁護士を探している場合もあります。物件選びをきっかけに仲良くなりましょう。

また、町を歩いていると空物件に直接「テナント募集」の張り紙がされていることもあるので、注意深く見て回りましょう。物件所在地から離れた場所にある不動産業者が管理している物件もあります。そういった物件の中には市場にほとんど出回っていないものもあります。

イ　物件の種類

次に、どのような物件を選ぶかが問題となります。法律事務所用の物件の候補としては、事業用物件、居住用マンション、レンタルオフィスが挙げられます。地方ではさらに一軒家も選択肢となるようです。もっとも、既存の顧客、紹介者などがいない状況でゼロから開業を目指すという本書の前提上、一軒家を選ぶことは難しいでしょう。事業用物件といっても、企業などの事務所として利用されることを想定したいわゆるオフィスビルから、飲食店や美容院などの店舗が入居することを想定した物件まで形態は様々です。

この中で地域密着型法律事務所としてお勧めなのは居抜き（内装や備品が残っている状態）の事業用物件です。看板を出すことで地域住民に事務所の存在をアピールできる、アクセス良好な物件が多い、事務所としての体裁を維持しやすいなどが理由です。また、スケルトン（建物の軀体だけの状態）は内装費用が高くついてしまいます。

もっとも、一般的に事業用物件は、賃料・敷金が高額になる傾向にあるという問題があります。この問題については、オフィスビルだけではなく店舗用物件を選択肢に含めることでクリアできる場合があります。店舗用物件で

あっても、法律事務所としての執務に堪え得る物件は少なくありません。法律事務所用の物件としては、2階以上に位置する物件を探すのが一般的です。一方、店舗用の物件は1階が最も人気で、2階以上になると賃料が安くなる傾向にあります。そのため、2階以上の店舗用物件の場合、オフィスビルに比べて賃料・敷金の減額交渉の余地が生じる可能性があるのです。また、店舗用物件のオーナーは、撤退率の高い飲食店などを想定して高めの敷金を設定しています。法律事務所という業態の経営の安定性を強調すれば、敷金の減額に応じてくれるオーナーもいます。

ウ 物件の立地

立地については、駅や役所などの町の中心部からの視認性、顧客のアクセス容易性を重視しましょう。また、コンビニが近くにあると消耗品が切れたときなどに便利です。

従前、地方では、法律事務所に入る姿を人に見られたくない、恥ずかしいという風潮が残っているため、大通り沿いよりも少し路地に入った場所に事務所を構えた方が良い、法律事務所が入居していることが一見分かりにくい雑居ビルの方が良いといった意見がありました。しかし、よほどの過疎地を除けばこの傾向はかなり薄くなったのではないかと思います。したがって、あえて分かりにくい物件を選ぶ必要はないでしょう。仮に、法律事務所を訪問するのは憚られるという顧客がいた場合は、弁護士バッチを外したうえで弁護士側が訪問すれば良いのです。

エ 物件の広さ、形状

開業マニュアルなどには、事務所の広さは、弁護士一人当たり15坪程度は必要と記載されていることが多いです。

しかし、デッドスペースの少ない長方形の物件であれば、10坪程度でも問題ありません。この程度の広さでも、レイアウトを工夫すれば将来的に事務員を雇用することになってもスペースを確保できます。レイアウトの工夫については後述します。

COLUMN ④ レンタルオフィスでの開業

　初期投資が少なくて済むという理由でレンタルオフィスや居住用マンションで開業する若手弁護士が増えていると聞きます。これらの物件について、機能面でのメリット・デメリットに関しては他の開業マニュアルなどである程度検証されているので改めて言及する必要はないと思います。

　ただ、物件選択においては、ターゲットや顧客獲得方法との関係（マーケティング視点）も意識すべきです。弁護士にとってどれほど機能的に優れていても、依頼者が来なければ事務所は継続できません。

　「最初はマンションの一室で開業して、仕事が増えてきたらオフィスビルに移れば良い。」

　このようなアドバイスが昔から良くあります。ですが、「仕事が増えてきたら」の部分について、現実的か考えておく必要があります。かつては、独立開業当初は国選事件や弁護士会の法律相談センターで受任した案件で生活しつつ、少しずつ人脈を広げて売上を増やすというモデルがありました。今でも地方ではこのモデルが成り立つ所もあります。しかし、特に東京23区ではこのモデルは破綻しています。確かに、国選事件や弁護士会の法律相談センターの場合、受任弁護士の法律事務所がどういった形態かは重要ではありません。しかし、これらの案件に頼れずに、自分自身でゼロから新規開拓を行わなければならない場合、レンタルオフィスや居住用マンションが適切なのか、きちんと検討しておく必要があります。

　たとえば、レンタルオフィスは、都市部のオフィス街にあるのが一般的です。そういった場所には、周囲に他にも法律事務所がある場合が多いのではないでしょうか。そうすると、差別化は容易ではありません。Web集客についても、

既に周囲の事務所が行っている可能性が高く、相応の費用をかけなければ集客につながらないかもしれません。賃料の安さや設備の充実度を優先したために、結局広告宣伝費が高くつくという事態になりかねません。

　居住用マンションについても、初めて来所する相談者にとって、入りやすいか、見つけやすいか、不安に思われないかという視点から検討しておく必要があります。たとえば、居住用マンションの一室で開業している歯科医院を想像してみてください。歯科に限らず整体院、不動産業者などでも結構です。そこの歯科医が知る人ぞ知る名医で、紹介以外は受け付けないということであれば居住用マンションの一室で開業していても違和感がないのかもしれませんが、普通は予約に躊躇を覚えるのではないでしょうか。法律事務所も同じです。紹介がメインの事務所の場合は、紹介という一定の信頼関係があるため、居住用マンションの一室でも顧客はそれほど不安に思わないでしょう。社労士のように、客先を訪問することが多い業態の場合も、物件の種類はあまり関係ありません。

　また、居住用マンションやレンタルオフィスの場合、袖看板や壁面看板など大きな看板を出すことができない点についても注意が必要です。本書は、地域密着型法律事務所の開業について扱ったものです。ターゲットは地域住民・法人であり、事務所の場所は彼らにとって分かりやすいものである必要があります。大きな看板を出せないということは、潜在顧客へのアプローチ方法を一つ捨てるということを意味します。袖看板や壁面看板というのは、単に事務所の目印になるだけではなく、歩行者（潜在顧客）に事務所の存在を認識してもらう重要な宣伝ツールです。潜在顧客が法律問題を抱えた際、「あ、そういえばあそこに法律事務所があったな」と思ってもらえれば、他の事務所よりも一歩優位に立つことができます。居住用マンションやレンタルオフィスの場合は、そういった看板の効果を使うことができないというデメリットについても念頭に置いたうえで検討する必要があります。

当初は広く感じても、記録などが増えると手狭になるため広めの物件を選ぶべきだという意見もあります。しかし、将来のことを考えて広めの物件を借りるということは、裏を返せば開業当初は使用しないスペースに賃料を支払うということです。事務所が手狭になるくらい依頼が舞い込むということであれば、その段階で喜んで設備投資を行えば良いと割り切るべきです。また、単に過去の事件記録が積み重なって手狭になったということであれば、記録のPDF化、トランクルームの利用などで対応可能です。

　物件の形状は、柱の出っ張りが少ない長方形が理想です。もっとも正方形でもパーテーションで仕切れば支障はありません。内装費を抑えるためには、むしろトイレの位置の方が重要なのですが、この点は後述します。配線をすっきりさせるためにはOAフロア（二重床）が望ましいですが、クッションフロア（シート状の塩化ビニール系床材）でも配線モールで対応すれば問題ありません。フローリングについては、遮音性に注意が必要です（カーペットを敷くという対策もあります）。

　物件を内覧する際には、忘れずに巻尺を持っていきましょう。内覧時に寸法を測っておけば、不動産業者からもらう見取り図に寸法を書き込んで、家具などを配置できるかレイアウト案を検討することができます。

オ　家賃など

　場所によって異なりますが、家賃（共益費込）は月額10万以下に抑えることが理想です。敷金（保証金）、礼金の相場も場所によって異なりますが減額やフリーレントについては積極的に交渉すべきです。長期的に借りることを前提にしている、（本当かどうかはおくとして）弁護士なので信用性は問題ないはずだなど粘り強く交渉すれば、1～2か月分の敷金減額に成功することもあります。敷引き、原状回復義務の程度の確認も忘れないようにしましょう。

カ　その他のポイント

　その他の物件選びのポイントとしては以下のようなものが挙げられます。

ただし、完璧な物件はありませんので、妥協も必要です。

- ☐ コンセントの数、位置は適切か
- ☐ 電気容量は十分か
- ☐ パーテーションで仕切っても備え付けの冷暖房設備で部屋全体の温度を適温に保てるか（出力、設置位置）
- ☐ 入室制限、施設の利用時間制限はないか
- ☐ 共用部分は清潔か
- ☐ 管理体制、セキュリティに問題ないか
- ☐ 非常口はあるか
- ☐ トイレは専用か共用か
- ☐ 看板は設置できるか
- ☐ エレベーターはあるか
- ☐ 自動車保有率の高い地域の場合、駐車場はあるか（専用のものがない場合は周囲にあるか）
- ☐ 他のテナントに怪しい業者はいないか
- ☐ 物件外の照明が適切に配置されていて、顧客が夜間も躊躇なく訪問できるような建物か（夜にも物件を訪問してみる）

5　内装・レイアウト

　前記のとおり、手持ちの資金はできるだけ運転資金に回したいので、内装費も極力抑えたいところです。そこで、内装やレイアウトを業者に頼まず自分でやるというのがお勧めです。もちろん、壁紙を貼るといったレベルは難しいので、パーテーションや家具の配置を自分で考えて、組み立てるという意味です。

　前項で、物件の広さは10坪もあれば十分と述べましたが、10坪弱でも**図表2-10**のような内装・レイアウトが可能です。

著者の実体験③　物件選択

　著者が独立開業したのは約3年半前ですが、同じ地域内で既に一度事務所を移転しています。最初の物件が再開発地区にあり、立ち退くことになったためです。もっとも、これは想定の範囲内で、契約締結から2年で立ち退くという前提であったため、相場の約2分の1という破格の賃料で物件を借りることができました。しかも、立地は、1日の乗降者数が5万人を超える武蔵小山駅の目の前と良好で、看板による宣伝効果が相当見込める場所でした。この宣伝効果を利用し、他の広告宣伝活動も活発に行い、立ち退くまでに地域での認知度を高め、同時に移転費用も稼ぐというのが当時の目論見でした。2年以内に結果が出せなければ、それは経営者としてのセンスがなかったということなのだから素直に廃業しようと考えていました。

　事務所を移転するとそれまで培った認知度が無駄になるのではないかと思われるかもしれませんが、この点は前向きに捉えていました。移転のタイミングで事務所移転記念の無料法律相談キャンペーンを行い、さらなる認知度向上につなげれば良いと考えたのです。

　果たして、何とか立退きまでに移転費用を稼ぐことができ、現在の物件に移転することができました。

　なお、最初の物件は元蕎麦屋、現在の物件は元美容院だったそうです。最初の物件は、1階が不動産業者、2階が著者の事務所、3階がオーナーの仮住居という構成、現在の物件は、1階が飲食店、2階が著者の事務所、3～4階がオーナーの住居という構成です。いずれもオフィスビルとは程遠いですが、法律事務所として運用する分には問題ありませんでした。

　特に現在の物件は、事務所として極めて快適です。元美容院ということでドライヤーなど電化製品を多数使用していた関係上、コンセントが多数設置されており配線が複雑にならず助かっています。エアコンも、さすがに天井埋め込み型までは望めませんが、大型のものが最初から設置されていました。床材は、クッションフロアですが、IKEAで購入した家具とマッチするのでOAフロアにこだわらなくて良かったと思っています。建物の隣にコンビニがあり、来客直前にお茶を切らしていることに気付いたときや書面提出ギリギリのタイミングで用紙が切れてしまったときなどに重宝しています。

図表2-10　レイアウト例①　10坪弱（32㎡）

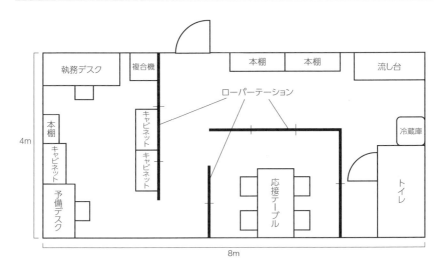

(1) パーテーション

　来客から執務スペースが丸見えだと、依頼者情報漏えいの危険があるため、執務スペースと相談スペースの間には仕切りが必要です。また、相談者のプライバシーを守る観点からは、少なくとも事務所入口から相談スペースを覗けない程度の仕切りがあることが望ましいといえます。そこで、パーテーションを設置することになります。

　パーテーションには、施工が必要なハイパーテーションと必要ないローパーテーションがあります。ローパーテーションといっても高さが2mを超えるものもあります。施工が必要な分ハイパーテーションの方が単価は高めですが、防音性・密閉性に優れています。一方、ローパーテーションは、施工していないため配置換えが容易ですが、自分で組み立てる必要があります。また、施工していないため、横からの衝撃に対する強度はハイパーテーションに劣ります。ハイパーテーションの場合、完全に仕切ってしまう（ハメ殺し）と、消防法上個別に防災設備を取り付けなければなりません。また、空調も個別に設置する必要が出てきます。これらの問題をクリアしようとすると、欄間を空けることになりますが、今度は防音性が下がります。このよう

に考えると、経費を抑えることが可能なローパーテーションの設置で問題ないでしょう。ローパーテーションは、オフィス家具店で購入可能です。オフィス家具店のインターネット通販も利用できます。

ローパーテーションは、執務スペースを覗かれないようにするため180cm以上のものを使用するのが望ましいです。180cmあれば、相談スペースの独立性も高まります。もっとも、高さが高くなればなるほど、事務所全体への冷暖房設備の効き目が悪くなるといったデメリットもあるので注意が必要です。

レイアウト例①では、相談スペースや執務スペースにドアを設けていません。ローパーテーション用のドアパネルも販売されていますが、他のローパーテーションに比べると高額であり経費を抑えるためです。気になる場合は購入を検討しましょう。

また、レイアウト例①では待合室を設けていません。10坪程度の広さでは待合室を設けることは困難です。そうすると、相談中に来客が来た場合にどうするのかという疑問が生じるかもしれません。プライバシー保護の観点から、顧客同士が顔を合わせるのは望ましくありません。この問題に対する単純な対策は、相談と相談の間にインターバルをきちんと設けるというものです。顧客以外の来客としては宅配業者や飛び込み営業などが考えられます。前者については十数秒ほど相談を中断すれば良いだけですし、後者については来客中を理由に応対を断れば問題ありません。レイアウト例①では、事務所入口からは相談スペースの中を覗けないパーテーション配置にしていますので、宅配業者などに顧客の顔を見られることもありません。

突然事務所に不審者が入ってきた場合にしっかりしたパーテーションが設置されていないと不安だと思われるかもしれません。この問題への対策は入口を常に施錠しておくことです。その場合、市販のドアホンを事務所入口に設置しておきます。施工不要なワイヤレスのテレビドアホンでも1〜1万5000円程度で購入可能です。録画機能付きのものも市販されています。アポなしの訪問者があった際には、すぐに応答するのではなく、まずモニターで訪問者の姿を確認し、不審者だと疑われる場合は、居留守を使います。こ

れで不審者の侵入は防ぐことができます。

　防犯対策という点からは、顧客が突然暴行に及ぶケースも想定しておかなければなりません。レイアウト例①では相談スペースの入口は、事務所入口に近い位置に設けています。顧客に奥に座ってもらえば、襲われそうになっても先に事務所入口から逃げ出すことが可能です。念のため、防犯スプレーは常備しておきましょう。

　レイアウト例①では、依頼者がトイレを利用する場合、流し台や冷蔵庫の側を通ることになりますが、気になるようならカーテンで目隠しをしましょう。

　なお、本書では、後述のとおり当面は事務員を雇わないことを前提としているため、事務所内で行き違いが生じることを想定する必要性は低いですが、念のため通路幅の目安についても触れておきます。着席して執務している人の後ろを通過するために必要な空間は、デスクの端から壁まで120cm程度とされています。一方、相談スペースの場合は、テーブルの端とパーテーションの間に120cmの空間を確保できればゆとりを持たせることができますが、標準的な間隔は90cm程度とされています。90cmでも横歩きすれば着席中の人の後ろを通ることができるからです。通路の場合は、120cmあれば避けることなく行き違うことができますが、お互いに体を傾ける前提であれば1m強でも問題ありません。レイアウト例①の相談スペース、通路（トイレ手前部分を除く）では約1mの間隔を設けています。

(2)　オフィス家具

　次に、オフィス家具についてですが、執務用デスクは、資料を広げるスペースを十分確保できるよう幅のあるものが良いです。L字型デスクを壁際に配置し空間を効率的に使う方法もあります。レイアウト例①では執務用デスクの幅を広めに160cmと想定していますが、140cmは欲しいところです。執務用チェアは、デスクワークが多い職業柄一定の支出はやむを得ません。中古品を探せばバロンチェア、アーロンチェアなどの高級品も5万円程度で購入することができます。

相談用テーブルや相談用チェアに関しては、IKEAなどの輸入家具店で購入すれば比較的安価に見た目も悪くないものを揃えることができます。一方、オフィス家具店のセット売りを利用すれば、相談用テーブル・相談用チェア4脚合わせて3万円前後で揃えることもできます。相談用スペースがみすぼらしいと顧客が不安に感じてしまうので、安くとも見栄えの良いものを選びましょう。相談用テーブルのサイズについては、6名が座れる程度のものが望ましいですが、物件の形状によっては配置できない場合もありますし、予算の問題もあります。4名以上の訪問者が同時に来所することは稀なので、4名用のものでも困るケースは滅多に生じません。仮に4名を超える訪問者が来所する場合は、予めパイプ椅子（インターネット通販で1脚1000円強で購入可能）を用意しておくという手段や貸会議室・役所の集会場を利用するという手段もあります。なお、相談用スペースにソファと高さ30～40cmの応接テーブルを置くという例も見かけますが、全くお勧めしません。書

図表2-11　レイアウト例①の費用試算

品名	サイズ	単価	数量	合計
執務用デスク	W1600mm	20,000円	1	20,000円
執務用チェア		50,000円	1	50,000円
予備デスク	W1200mm	12000円	1	12,000円
予備チェア		5,000円	1	5,000円
サイドキャビネット		10,000円	1	10,000円
相談用テーブル	W1500mm×D700mm	20,000円	1	20,000円
相談用チェア		5,000円	4	20,000円
本棚①	W1200mm×H2000mm	13,000円	2	26,000円
本棚②	W600mm×H2000mm	8,000円	1	8,000円
キャビネット	W900mm×H1800mm	20,000円	3	60,000円
ローパーテーション①	W800mm×H1800mm	12,200円	3	36,600円
ローパーテーション②	W900mm×H1800mm	13,300円	3	39,900円
ローパーテーション③	W1200mm×H1800mm	14,400円	4	57,600円
安定脚		900円	12	10,800円
コーナーポール		2,400円	1	2,400円
合　計				378,300円

面作成やパソコンでメモを取る際にストレスフルです。

　開業費用全体については、事業計画の項で記載しましたが、レイアウト例①で内装・オフィス家具費がどの程度かかるか試算してみましょう（税抜）。電子機器や家電は試算に入れていません。

　全て新品価格で試算していますが、適宜中古品で補えばより低予算で揃えることが可能です。オフィス家具業者に対して、まとめて買うので値引くよう交渉する余地もあります。

　試算上キャビネットや本棚を三つずつ計上していますが、開業当初はそれぞれ一つ購入し、書類や書籍が増えたら買い足すようにすればさらに開業時の設備費用は下がります。

　また、レイアウト案①では、相談スペースを壁面も含めて四方で囲っています。これは、訪問者がトイレに行く場合の動線を確保するためですが、トイレが室外の共用部分に設置されている場合にはこのような配慮は不要となり、パーテーション費用を大幅に抑えることができます。

　物件内にトイレが設置されていない前提で作成したのがレイアウト例②（**図表2-12**）です。費用は**図表2-13**のように変化します。

図表2-12　レイアウト例②　10坪弱（32㎡）

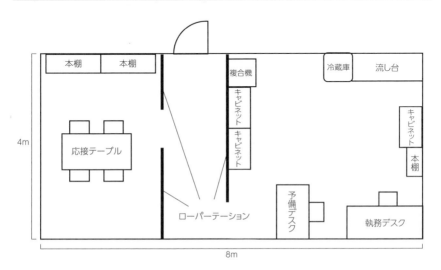

図表2-13　レイアウト例②の費用試算

品名	サイズ	単価	数量	合計
執務用デスク	W1600mm	20,000円	1	20,000円
執務用チェア		50,000円	1	50,000円
予備デスク	W1200mm	12,000円	1	12,000円
予備チェア		5,000円	1	5,000円
サイドキャビネット		10,000円	1	10,000円
相談用テーブル	W1500mm×D700mm	20,000円	1	20,000円
相談用チェア		5,000円	4	20,000円
本棚①	W1200mm×H2000mm	13,000円	2	26,000円
本棚②	W600mm×H2000mm	8,000円	1	8,000円
キャビネット		20,000円	3	60,000円
ローパーテーション①	W800mm×H1800mm	12,200円	2	24,400円
ローパーテーション③	W1200mm×H1800mm	14,400円	4	57,600円
安定脚		900円	12	10,800円
合　計				323,800円

　パーテーション関係費用は、9万2800円です。レイアウト例①のパーテーション関係費用は14万7300円なので5万4500円の削減が可能となりました。さらに、パーテーション費用を抑えたい場合は、ローパーテーションの代わりに本棚やキャビネットを用いるという手段もあります。本棚やキャビネットの背面にクロスを貼りつけると若干見栄えが良くなります。

　レイアウト例③（**図表2-14**）は、レイアウト例①と同様室内にトイレがあるパターンで極力ローパーテーションを使わないレイアウトです。費用は**図表2-15**のように変化します。

5　内装・レイアウト

図表2-14　レイアウト例③　10坪弱（32㎡）

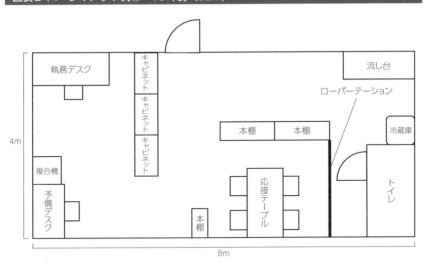

図表2-15　レイアウト例③の費用試算

品名	サイズ	単価	数量	合計
執務用デスク	W1600mm	20,000円	1	20,000円
執務用チェア		50,000円	1	50,000円
予備デスク	W1200mm	12,000円	1	12,000円
予備チェア		5,000円	1	5,000円
サイドキャビネット		10,000円	1	10,000円
相談用テーブル	W1500mm×D700mm	20,000円	1	20,000円
相談用チェア		5,000円	4	20,000円
本棚①	W1200mm×H2000mm	13,000円	2	26,000円
本棚②	W600mm×H2000mm	8,000円	1	8,000円
キャビネット		20,000円	3	60,000円
ローパーテーション②	W900mm×H1800mm	13,300円	1	13,300円
ローパーテーション③	W1200mm×H1800mm	14,400円	1	14,400円
安定脚		900円	4	3,600円
合　計				262,300円

さらに、レイアウト例②同様、トイレが共用スペースにあるパターンで極力ローパーテーションを使わないようにする場合、レイアウト例④（**図表2-16**）のような配置が考えられます。費用は**図表2-17**のように変化します。

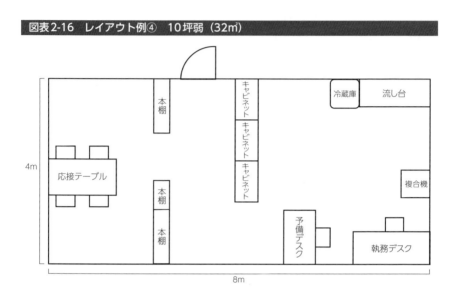

図表2-16　レイアウト例④　10坪弱（32㎡）

図表2-17　レイアウト例④の費用試算

品名	サイズ	単価	数量	合計
執務用デスク	W1600mm	20,000円	1	20,000円
執務用チェア		50,000円	1	50,000円
予備デスク	W1200mm	12,000円	1	12,000円
予備チェア		5,000円	1	5,000円
サイドキャビネット		10,000円	1	10,000円
相談用テーブル	W1500mm×D700mm	20,000円	1	20,000円
相談用チェア		5,000円	4	20,000円
本棚①	W1200mm×H2000mm	13,000円	2	26,000円
本棚②	W600mm×H2000mm	8,000円	1	8,000円
キャビネット		20,000円	3	60,000円
合　計				231,000円

このように、トイレが共用か専用かは、レイアウトを考えるうえで大きな意味を持ちます。共用の方が内装・オフィス家具費を抑えることができるでしょう。ただし、共用の場合は、トイレに行くたびに事務所に施錠しなければならないという問題もあります。この問題に対しては、あまり褒められたことではありませんが、訪問者の専用トイレの利用をお断りするという対策もあります。事務所近くの公共トイレを利用してもらうのです。そのようにすると、執務スペースをトイレ側に配置することができ、内装・オフィス家具費を抑えることができます。訪問者のトイレ利用を断る理由としては、執務スペースに秘匿性の高い資料があるため通すことができないということになるでしょう。

以上のような対応を行い、さらに中古品を用いれば内装・オフィス家具費を20万円以下に抑えることも可能です。

著者の実体験④　レイアウト

前述のとおり、著者は既に一度事務所移転を経験していますので、事務所のレイアウトを二度検討しています。どちらも広さは10坪程度です。最初の事務所のレイアウトは**図表2-18**のとおりです。

図表2-18　移転前のレイアウト

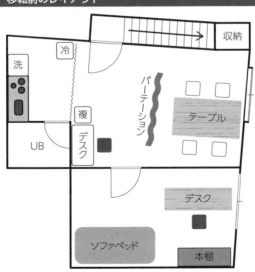

自宅兼事務所だったため、台所・洗濯機などをどう隠すかがポイントでしたが、無地のカーテンで目隠しをしました。相談スペースと複合機や予備デスクが置かれたスペースとの間に、インターネット通販で購入した高さ160cm幅180cmの波形状のローパーテーションを配置しました。一度酔っぱらって事務所を訪れた知人が思い切り寄りかかったために倒れたことがありますが、業務中にそのような事故が起こったことはありません。相談スペースに収納スペースがありますが、中には衣服などが入っていました。依頼者が子どもを連れてきたときなどは、じっとしていられなくなって開けられたりしないかと冷や冷やしましたが、幸いそのような事態は生じませんでした。

執務スペース部分にはインターネット通販で購入したソファベッドを置き、業務時間中はソファ形態にしておき、就寝するときにベッド形態にしました。業務時間中、掛布団は収納スペースに片づけていました。執務スペースのドアは来客時には閉めていたので、ベッド形態のままでも問題はないのですが、収納スペース同様万が一子どもがドアを開けると格好がつかないので業務時間中は、ソファ形態にしていました。

最初の事務所では、事件記録を入れる大型のキャビネットは購入していません。事件記録は、インターネット通販で購入した本棚とサイドキャビネットに入れていました。事務所を移転したのは、開業から約1年半後ですが、それまではその運用で足りました。相談スペースのテーブルとチェアは、IKEAで購入しました。テーブルは伸長式なのでいざというときは6人用としても使えます。執務スペースのデスクやチェアなどはインターネット通販で購入しました。ただ、執務用のチェアについては、同じ価格帯のものでも種類によって坐り心地がかなり異なるため、オフィス家具店のショールームに何度か足を運び実際に試し坐りを行いどれを購入するか決めました。

次に、移転後の現在の事務所のレイアウトです（**図表2-19**）。

開業から約1年半経ったこの頃には、事件記録も溜まってきたため、キャビネットを一台インターネット通販で購入しました。移転前の事務所と異なり、部屋が仕切られていなかったため、高さ180cmのローパーテーションをインターネット通販で複数枚購入しました。ドアパネルも購入しています。移転前の事務所で使用していた波形状ローパーテーションは分割して執務スペースで再利用しています。開業してから約3年半経ちますが、やはり書籍

5 内装・レイアウト

図表2-19 移転後のレイアウト（移転時点）

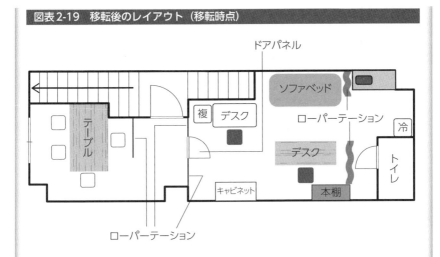

　は増え続けるため、適宜本棚を買って余裕のある相談スペースに配置するようにしています。事件記録については、図では示せていませんが階段部分に広めの収納スペースがあるため、まだしばらくは余裕がありそうです。ソファベッドも引き続き事務所に置いており、仮眠用に使っています。

　移転前の事務所は、繁華街の中にあり、住環境としては劣悪だったのですが、現在の事務所はかなり快適で、会食などで酩酊したときなどは、事務所の方が自宅より駅から近いため、事務所で寝て翌朝シャワーだけ浴びに自宅に戻るということも良くあります。現状のままでも事務員を雇っても問題ないスペースが確保できていますし、いざとなればソファベッドを撤去すればかなりの空間ができるので、儲かりすぎてお金の使い道がないといった事態にでもならない限り、しばらくは再移転の必要はなさそうです。

　現在の事務所は、執務スペース側にトイレがあります。本文中で述べた訪問者のトイレ利用をお断りしているパターンです。訪問者がトイレを利用したいというケースは、年に1～2回あるかどうかという程度で近所の公共トイレを案内することで特に問題になっていません。

6 電子機器、家電

(1) 複合機

　複合機については、業務用の大型機種をリースなどで導入するかが問題となります。リースするとなると、リース料金に加えてカウンター料金が必要となり、合計額を月1万円未満に抑えることは容易ではありません。カウンター料金無料、カウンター料金激安、トナー代無料などを謳っている業者もありますが、トータルの費用で見ると割安ではないケースも多いため注意が必要です。

　一人事務所では、管財人業務のような大量のコピーが必要な案件を多く受任する場合を除き、スモールオフィス向けA4モノクロレーザー複合機でも大きな問題は生じません。このレベルであれば、3～4万円で購入することが可能ですから、大型機種のリースよりもスモールオフィス向けのものを購入することをお勧めします。

　複合機の機能は、プリンター機能、コピー機能、スキャナー機能、ファックス機能が基本ですが、コピーをとる機会の多い職業柄、両面ADF（自動原稿送り機能）は必須です。また、自動両面ファクス受信、PCファクス送信、ファクス転送機能などがあればトナー代を節約できます。

　カラー、A3、B4のプリントアウト、コピーについては、セキュリティ面で不安が残るものの、コンビニの複合機で対応するという手段もあります。また、若干費用はかかりますが、A3インクジェット複合機を購入しておくという手段もあります。この方法は、メインで使っているレーザー複合機が故障した際、修理が済むまでの間代替機として運用可能というメリットもあります。実務上デジタルカメラで撮影した写真を写真台紙にプリントアウトすることもありますが、インクジェット複合機があれば、鮮明な写真を裁判所に提出することができます。

(2) 電話機

　電話機については、ビジネスフォンを導入すべきかが問題になります。ビジネスフォンの導入には、電話機代のみならず工事費用も必要です。物件の広さの項でも言及しましたが、希望的観測に基づく将来を見越した設備投資は、開業当初は使わない設備への投資となるため慎重に検討する必要があります。ビジネスフォン導入のメリットは複数回線接続、内線機能、保留転送機能といったところです。本書では、10坪程度のオフィスで、事務員を雇用しないか、将来的にせいぜい一人雇用する程度の法律事務所を想定しています。そうすると、内線機能、保留転送機能は必要ありません。複数回線接続についても、インターネット回線を用いた「ひかり電話」を導入すれば家庭用電話機でほぼ対策可能です。ひかり電話では、2回線分同時に使用でき、電話とFAXを同時に利用する事もできますし、番号を分けることも可能です（050ではなく東京03など市外局番の利用も可能）。電話加入権も必要ありませんし、月額利用料、通話料も割安です。

　問題となり得るのは、同時通話です。しかし、そもそも同時通話が本当に必要かを考えておくべきです。仮に事務員を雇ったとしても、10坪程度の事務所で弁護士と事務員が同時に通話すると聞き取りミスなどを起こす可能性があります。どうしても必要な場合は、業務用PHSを持って相談スペースに移動して電話することで対応可能です。通話中に着信があった場合も、後述の電話代行サービスを使えば、電話代行業者に転送され対応してもらえるため、通話終了後にかけ直すことができます。また、業務上通話を録音する必要が生じることもありますが、一般の電話に通話録音機を後付けすれば問題ありません。このように考えると、ビジネスフォンを導入する必要性は低いといえます。

　なお、念のためひかり電話のデメリットを挙げておきます。

・停電時に利用できない
・一部のフリーダイヤルなど架電できない電話番号がある
---

(3) パソコン

　相談スペースにパソコンを持ち込んだり、外出時に持ち運ぶことを考えると、ノートパソコンは必要だと考えます。開業前に使っていたものか、家電量販店などで購入すれば足りるでしょう。

　一方、ノートパソコン１台だけだとディスプレイが小さくストレスが溜まる、持ち運ぶ以上デスクトップパソコンより故障する可能性が高いなどの問題があるため、通常はデスクトップパソコンを１台購入することになります。DELLなどで購入すればMicrosoft Office付で10万円以下での購入が可能です。

　データのバックアップについては、NAS（Network Attached Storage）を構築する例が多いと思いますが、セキュリティ面での不安はあるもののクラウドストレージサービスを利用する方法もあります。いずれの方法であれ、データ消失の危険性はゼロではないため、予備的バックアップとして外付けハードディスクなどで定期的にバックアップを取ることをおすすめします。

(4) その他

　個人情報を紙媒体で扱うことの多い法律事務所においてシュレッダーは必須のアイテムです。価格に応じて細断可能サイズ、同時細断可能枚数、細断の細かさ、連続稼働時間、ステープラー針対応可否が変わります。１万5000円程度でもステープラー針対応機種がありますので、同時細断可能枚数に目を瞑ればこのレベルの機種で事足ります。

　その他、デジカメ、ICレコーダーは、余裕があれば揃えたいところですが、スマートフォンで代替可能です。モバイルプリンターは、重量に堪えられればノートパソコンでどこでも印刷が可能となるため、便利です。たとえば、訪問して依頼者の陳述書を作成する際などは、その場で修正してプリントアウトできるので便利です。コンビニの印刷サービスを利用するのも手ですが、周囲にコンビニがない場合もあります。判例検索ソフトは、法律相談を受けながら判例を調べることもありますので、必須といえます。近時は業者の競争が激しくなっており価格も安くなっているので各社を比較して選び

ましょう。事件管理ソフトやスケジュール管理ソフトは、Googleカレンダーや Excel を活用すれば足ります。一方で、会計ソフトはあると便利です。その他、冷蔵庫や電子レンジ、電気ケトル（ポット）は揃えておきましょう。

事務用品、制作物

　ゴム印、ラベルライター、大型ステープラー、大型穴あけパンチなどはインターネット通販、文具店などで一般的なものを購入すれば足ります。

　事務所名、住所、電話番号などが刻印された住所印は、スタンプ台不要のシャチハタタイプを購入すると便利ですし、印影もきれいです。シャチハタタイプ以外だと、項目ごとに分割できるタイプを購入すると、用途に応じて使い分けることができます。

　名刺については、通常の業者にデザインから頼むと、白黒両面で100枚2000円程度、カラー両面なら100枚4000円程度かかってしまいます。異業種交流会に積極的に出席すれば1か月足らずで100枚は使い切ってしまいますので地味に経費がかかります。コスト面を重視すれば市販の名刺用台紙を使う方法もあります。しかし、ミシン目が目立たない台紙も売られているものの、どうしても手作り感が拭えません。

　そこで、インターネット印刷業者を活用する方法がお勧めです。インターネット印刷というのは、インターネット上で発注する印刷通販のことで、たとえば、ラクスル、プリントパック、ネットプリントなどが挙げられます。インターネット上で注文数などの指示、データ入稿、決済を行い、店員と対面することなく制作物を完成させることができます。インターネット印刷各社は、店舗や営業担当を抱えないこと、自社で輪転機を持たず提携先印刷会社の空き輪転機を活用することなどにより低価格化に成功しています。たとえば、表面カラー裏面モノクロの名刺100枚だと、納期を1週間と長めに設定すれば500円程度で発注することが可能です。500枚まとめて頼めば2000円程度です。出来は通常の業者作成のものと遜色ありません。

　インターネット印刷業者を利用する場合、デザインは自分で行う必要があ

ります。入稿自体は、WordやPowerPointで作成したデータでも可能という業者が増えているのでハードルは高くありませんが、デザインを自作となると躊躇される方も多いかもしれません。しかし、最近は入稿用のテンプレートのみならずデザインテンプレートを用意している業者もありますし、他の名刺を参考にすればそれほど難しい作業ではありません。是非チャレンジすることをお勧めします。なお、名刺については、第3章10でも触れます。

インターネット印刷業者の利用は、名刺以外も可能です。事務所名入り封筒、パンフレット、チラシなどを格安で作成することができます。特に封筒は、記載内容が事務所名、弁護士名、住所、電話番号、FAX番号、メールアドレス、事務所ウェブサイトのURL程度で複雑ではないため、インターネット印刷業者が用意しているデザインテンプレートを用いて作成することも難しくありません。

事務所で使用する封筒は、A4用紙を三つ折りにして封入できる長形3号とA4用紙を折らずに封入できる角型2号の2種類と考えて差し支えありません。開業時には、さしあたり長形3号100部、角型2号50部あれば足ります。在庫がそれぞれ20部、10部になったら追加発注しましょう。また、封筒はのりテープ付のものを発注すると便利です。色は、特にこだわりがなければ茶色のクラフト紙が安価です。

チラシについても、インターネット印刷業者や日本郵便がデザインテンプレートを用意しています。中には士業が相続相談会告知用に活用することを念頭に置いたデザインテンプレートも存在し、簡単な加工で事務所の相談会告知に使えます。インターネット印刷業界はここ数年市場が活性化しており、デザインテンプレートの提供を含め日々サービスが向上しています。是非ご自身の目で確認していただきたいと思います。

インターネット印刷業者の利用に慣れてきたら、事務所のパンフレットを自作するという手もあります。事務所のパンフレットは、常に鞄に入れておき、いつでも渡せるようにしておきたいものなので、サイズとしてはA4を三つ折りにしたサイズが便利です。業者にデザインを依頼するとデザイン料だけで数万円かかってしまいますが、インターネット印刷業者であれば100

部5000円程度で印刷することができます。名刺や封筒同様、インターネット印刷業者がWordやPowerPointの入稿用テンプレートを配布しているので、ダウンロードすれば作成することが可能です。パンフレットに記載すると良い項目は、事務所理念、事務所概要（住所、電話番号、メールアドレス、受付時間など）、弁護士紹介、事務所地図、取扱業務、法律相談料といったところです。また、事務所外観、内観、弁護士の写真も掲載すると良いでしょう。その他、たとえば表紙の背景写真をどうするかといった問題もありますが、インターネット上に商用フリーの写真素材が豊富にあるので、デザインさえ決めることができれば素材に悩むことはないでしょう。デザインについては、インターネット上に様々な制作例が掲載されているので、それらを参考にオリジナルのものを作成していけば良いです。

　とはいえ、デザインはハードルが高いという場合は、クラウドソーシングを活用するのも一案です。クラウドソーシングとは、分かりやすくいうと、インターネット上で業務の外注先を公募するシステムです。代表例はクラウドワークスです。パンフレットのデザインを依頼する場合だと、指示書を作成し、コンペ形式で募集を開始（報酬は依頼者側で決めることができる）、クラウドワーカーからの提案がなされ、気に入ったデザインを採用し、納品・支払に進むという流れになります。クラウドソーシングを活用すれば、1～2万円程度で三つ折りパンフレットのデザインを依頼することも可能です。特定のインターネット印刷業者の入稿用テンプレートで作成するよう指示を出しておけば、納品後すぐにインターネット印刷業者に入稿することができます。なお、パンフレットのデザインを依頼した場合、納品はAdobe Illustrator形式で行われることが多く、Illustratorをインストールしていない場合は中身を確認できないのではないかと思われるかもしれませんが、IllustratorファイルはAdobeReaderでも確認することが可能です。AdobeReaderはPDFファイルを開くときに使うソフトウェアなので、ほとんどのパソコンにインストールされています。

　クラウドソーシングは、パンフレットのデザインのみならず、ウェブサイト、ロゴの作成など様々な制作物に活用されています。

第2章 事務所開業の準備

著者の実体験⑤

電子機器など

　著者は、開業当初、複合機はA4モノクロレーザー複合機、電話機は家庭用の子機が1台附属したもの、パソコンはDELL製デスクトップパソコンを購入しました。ノートパソコン、デジカメ、ICレコーダーは前職で使用していた私物があったため購入していません。事務所兼自宅であったため、冷蔵庫や電子レンジも私物をそのまま使いました。

　シュレッダーに関しては、家電量販店のセールで購入した4000円程度のものを使っていました。同時細断可能枚数はA4用紙5枚と少ないですが、友人と電話しているときなどに「ながら細断」していたのでストレスはあまり感じませんでした。モバイルプリンターは、開業当初は資金的余裕がなく購入しませんでしたが、開業2年目に不便を感じたため購入しました。

　制作物に関しては、可能な限りデザインも自分で行うようにしています。名刺、事務所名入り封筒、パンフレット、無料法律相談会告知用チラシ、無料法律相談会告知用ポスター、ロゴなどのデザインを自作しました。名刺などの制作物は定期的に発注することになるので、単価を下げることは経費削減のうえで大きな効果を発揮します。

　本文で述べたとおり、WordやPowerPointでも入稿は可能なのですが、開業後しばらくは依頼が来ず時間がありましたので、Adobe Illustratorを事務所のパソコンにインストールし、教本を片手に操作方法を独習しました。制作物を自作できるようになると、ちょっとしたデザインの変更や文字修正などを自分で行うことができ便利です。IllustratorやPhotoshopは、Adobeのウェブサイトで無料の体験版が配布されているので、関心のある方は一度ダウンロードしてみると良いと思います。その他の電子機器などについては本文中の記載と同様です。

8 看板

看板の種類は様々ですが、法律事務所の看板として使用される頻度が高いのは、袖看板、プレートサイン、ウィンドウマーキングあたりだと思います（**図表2-20**）。

図表2-20 看板の種類

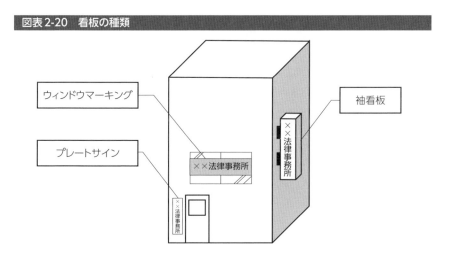

看板は、訪問者が来所する際の目印になるのはもちろんですが、常時事務所の外に出しておけるという意味では、24時間宣伝効果がある媒体ということもできます。特に人通りの多い場所であれば、歩行者に法律事務所の存在を認識してもらうことができます。看板は、進行方向と直角に出す方が効果が高いといわれています（**図表2-21**）。また、歩行者の目線はやや下方向なので、看板の配置位置が低い方が認識されやすいとされています。ウィンドウマーキングの場合は進行方向と平行になってしまいますが、事務所物件が角地にあれば、交差点の反対側で信号待ちをしている人たちに気づいてもらいやすくなります。

図表2-21　看板の見え方

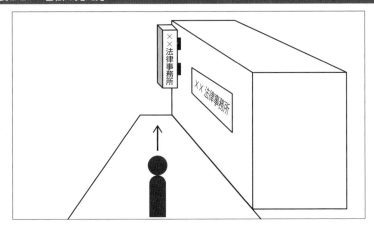

　袖看板の費用は、材料費、デザイン・印刷費、工事費に分かれますが、既製品に文字だけ記載するようにすれば、工事も含めて10万円程度で設置することができます。プレートサインは、1万円程度、ウィンドウマーキングは数万円程度で作ることができます。ウィンドウマーキングについては、自作することも可能です。

9　ウェブサイト

　事務所のウェブサイトは、開業と同時に公開できるようにしておくことが望ましいです。詳細は第4章で触れますのでここでは仮アップロードについてだけ述べておきます。

　事務所のウェブサイトを公開しても、検索エンジンの検索結果に表示されなければ意味がありません。Googleなどの検索エンジンは、日々自動で情報収集しているため、特に何もしなくてもいずれ検索エンジンに捕捉されます（インデックス登録申請により捕捉されるのを早めることも可能です）。

　しかし、検索結果に反映されるまでに、場合によっては数週間かかることもあります。せっかく開業と同時に公開してもこれでは機会損失です。そこで、本公開前に仮サイトをサーバー上にアップロードしておくことをお勧め

します。仮サイトといっても、事務所名、弁護士名、公開準備中である旨、公開予定日レベルの情報を載せた簡単なものです。仮サイトをアップロードしておくと、検索エンジンに捕捉され、事務所名を検索したら仮サイトが検索結果に表示されるようになります。そして、開業日に本サイトを公開すれば、本サイトが直ちに検索結果に表示されることになるのです。

10　事務員

　本書では、既存の顧客、紹介者などがいない状況でゼロから開業することを想定しています。そのような場合、独立開業当初から事務員を雇うことはお勧めしません。人件費は、賃料と並ぶ法律事務所の代表的な固定費であるところ、事業が軌道に乗るまでは極力固定費を抑えたいからです。また、仮にパートタイム事務員であったとしても雇用には責任が伴います。開業当初は、数か月単位で売上がゼロということもあり得ます。弁護士一人であれば生活レベルを落とし貯金を切り崩すことで対処したり、家族に頼ったりすることも不可能ではありません。しかし、事務員を雇用した場合、給料の支払を待ってもらうわけにはいきません。経営が安定するまでは、人件費の負担は大きなストレスとなります。また、事務員を雇うと税務署・労働基準監督署などに各種届出を行う必要が生じますが、思いのほか煩雑です。さらに、相性の良い事務員を探すのは至難の業です。

　そもそも、法律事務所において事務員が行う業務は、いずれも弁護士自身が自分で行うことなどで対応が可能な業務です。

事務員が行う主な業務		代替手段
電話対応	→	電話代行の活用
来客対応	→	弁護士が対応
送付書など簡易な書類の作成	→	弁護士が作成
戸籍、登記簿謄本など資料収集	→	郵送サービスの利用
資料整理	→	弁護士が整理
裁判所などへの書類提出	→	郵送で対応

内容証明郵便送付	→	電子内容証明郵便の利用
書留郵便送付	→	レターパックで対応
消耗品など管理・購入	→	インターネット通販の活用
銀行振込み	→	インターネットバンクの活用
ウェブサイト管理	→	弁護士が管理
スケジュール管理	→	スマホアプリなどで管理
経理業務	→	余裕があれば税理士に依頼

　上記の項目のうち、来客対応、電話対応については検討が必要です。

　まず、来客対応については、事務員による対応に慣れていると、弁護士一人で対応するイメージが湧きにくいかもしれません。

　初回相談者が来所した際の対応例としては以下の業務フローが考えられます。

---

① 相談者来所時には弁護士が出迎え、相談スペースへ案内
　　　　　　　　　　↓
② 名刺交換などあいさつを済ませたら法律相談票に記入するよう指示
　　　　　　　　　　↓
③ 相談者が法律相談票を記入している間に冷蔵庫からペットボトルのお茶を取り出しインサートカップに注ぐ
　　　　　　　　　　↓
④ インサートカップをお盆に載せて相談者に出す
　　　　　　　　　　↓
⑤ 法律相談票の記入を待って相談開始

　2回目以降の訪問者の場合は、相談スペースに案内した後、「お茶をお出ししますので少々お待ちください」と言って席を外せば問題ありません。訪問者は、鞄から資料を取り出したり、上着を脱いだりしますので、多少席を外しても失礼に当たることはありません。また、相談スペースに事務所パンフレット、無料法律相談会のチラシ、司法試験の合格証書などを置いておけば、その後の世間話のきっかけになる可能性もあります。

　冬場には、冷たい飲み物を出すわけにはいかないため、電気ケトルなどで

お湯を沸かす作業が加わりますが（電気ポットがあればこの手間も省けます）、来所予定時刻の少し前にスイッチを入れておけば大丈夫です。仮に訪問者が、来所予定時刻よりも早めに到着した場合は、ドアホン越しに「少々お待ちください」と言いつつ、電気ケトルなどのスイッチを急いで入れて事務所入口に向かえば良いのです。

　最近は、法律事務所を渡り歩いて弁護士を比較する相談者もいますが、多くの相談者にとって、法律事務所を訪れるのは人生で初めての経験です。地域密着型の法律事務所の場合、この傾向はさらに強まります。事務所の内装などがあまりにみすぼらしいと、相談者が不安に感じ、受任の機会を逃す可能性があります。そのため、ある程度見栄えを重視する必要はあります。しかし、来客対応については、上記のような流れで弁護士が自然に行えば、相談者の多くは法律事務所の対応とはそういうものなのだと受け入れてくれます。むしろ、弁護士に親しみを持ってくれる場合さえあります。丁寧に対応すれば、一人事務所であっても相談者と信頼関係を築くことは難しくありません。

　また、不在時の来客対応についてですが、郵便などは再配達を依頼すれば足ります。稀に飛び込みで来る相談希望者もいますが、多くの事務所はそもそも予約制ですので、飛び込み相談希望者に対する不在時の対応策まで考えておく必要はないのではないでしょうか。

　次に、電話対応です。こちらは不在時対応が必要になりますが、電話代行サービス（事務所にかかってきた電話を業者に転送して対応してもらうサービス）を利用すれば問題なく対応できます。経費削減を優先すれば、不在時の電話について留守番電話や携帯電話への転送で対応するという方法もあります。しかし、相談希望者が不安を覚え、事務所に来ないというのでは元も子もありません。多くの相談希望者にとって法律事務所への初回問い合わせは、心理的なハードルが高いものです。意を決し電話したところ留守番電話につながったり、雑踏の雑音の中で対応されたりというのでは気が削がれてしまいます。それなら他の事務所に問い合わせるかという相談希望者も出てくるでしょう。これでは顧客獲得の機会を逃すことになってしまいます。

　以上から、事務所不在時の電話対応を、留守番電話や携帯電話への転送と

いう手段で行うことはお勧めしません。電話対応は削るべき経費ではないでしょう。

一方、電話代行であれば、土日や夜間も対応可能なプランがあります。これにより電話受付を顧客ニーズに合った時間設定にすることができます。

では、どのような業者やプランを選択するかですが、まずは複数の業者に見積もりを出してもらい、プラン内容、営業の対応、料金などを比較しましょう。電話代行サービスの基本プランは、架電者に対する担当者（弁護士）不在の伝達、用件聴取、折り返し連絡の案内、サービス契約者（弁護士）への通話内容の連絡で構成されていること多いです。これに、時間外ガイダンス（営業時間の告知）、予め登録したQ&A対応（駅から事務所への行き方、長期休業の案内）などがオプションとして選択できます。

もっとも、開業前に実際に電話代行サービスを使ったことのある弁護士は少数でしょうから、業者選択の決め手がない場合も多いと思います。料金だけで決めてしまうと対応の質が悪く、クレームにつながる可能性もあります。

そこで、複数の業者が無料体験キャンペーンを行っているので実際に利用してみるのが得策です。その際、自身の携帯電話などから実際に事務所の電話番号に電話してみてサービスの質を確認することが重要です。開業当初、すぐに電話が鳴りやまなくなるという事態はそう生じないので、業者は焦らずに吟味しましょう。

なお、業者の中には「法律事務所専門」「士業専門」を謳うところもあります。これらは、専門性を謳っているため、料金にプレミアム価格分が上乗せされています。不要な支出は抑えるという本書の趣旨に鑑みれば、こういった業界特化型の業者をあえて選ぶ必要性はないといえます。確かに一般の電話代行業者だと、裁判所から電話がかかってきた際、専門用語について聞き取りミスをすることがあります。しかし、相手の名前、用件、電話番号さえ分かればこちらからかけ直すことが可能なので問題ありません。

以上のように、有用な電話代行サービスですが、電話代行業者と常時意思疎通できるわけではないので、外出先から依頼者などに電話をせざるを得ない場面も出てきます。そこで業務用の携帯電話・PHSを持つことお勧めし

ます。プライベートでも使う携帯電話で依頼者などに連絡すると、依頼者などがこちらの電話番号を登録し、夜中に連絡が来るという事態も生じかねません。緊急事態であれば対応もやむを得ないでしょうが、緊急度が低い連絡に対してまで24時間対応するというのは困難です。業務用の携帯電話・PHSを契約しておけば、夜中は電源を切るなどの対応が可能になります。

著者の実体験⑥　電話代行

　本文で述べた理由により、著者は独立開業後間もなく電話代行サービスを利用するようになりました。当初は、平日の9時〜17時の間だけ頼んでいたのですが、便利なので平日の9時〜20時、土曜の9時〜17時という時間設定での契約に変更しています（事務所の営業時間は10時からなのですが、電話代行の方は9時からで契約しても値段が変わらないため9時開始で契約しています）。料金は、当初は月額1万5000円、現在は月額2万円です。受電が100コールを超えると追加料金が発生します。事務所にいるときは、できるだけ自分で電話を受けるようにしているので、100コールを超えたことはありません。電話代行業者が電話を受けてから数分後には、通話内容が記載されたメールが届きます。

　著者の事務所では、事務所に電話がかかってきて3コール以内に出なければ電話代行業者に転送される設定にしていますが、どのタイミングで転送するかはこちらで自由に決めることができます。代行業者への転送を一時停止して、転送先を携帯電話・PHSに変更することもできます。外出時に、予め大事な電話がかかってくることが分かっているようなときで、かつ、こちらからかけ直したくないとき（相手にこちらの仕事用PHSの番号も知られたくないとき）などは、仕事用PHSに転送するようにしています。

　電話代行サービスを利用して3年以上経ちますが、クレームが発生したことはありません。依頼者に電話代行サービスを使っていることを話すことも多いですが、言われるまで気づかなかったという反応を受けるケースも多いです。

11 挨拶状、事務所開き

　弁護士の受任経路として他の弁護士からの紹介も重要な位置を占めています。諸々の事情により自身が依頼を受けることができない知人などを誰かに紹介しようとする場合、信頼できる弁護士を紹介したいと考えるのは当然のことです。今後も同業者からの紹介は重要な受任経路です。こういった業界の特性もあり、開業時の同業者への挨拶状は、重要だといわれてきました。ただ、紹介を受けることができるのは、あくまでも信頼できる弁護士です。開業当初の弁護士の場合、経験が浅い弁護士も多いでしょう。これだけ弁護士人口が増えているわけですから、親しい間柄であれば別論、開業の挨拶状をたくさん送ったからといって紹介が来ると思うのは甘いでしょう。そうすると、挨拶状は案件獲得目的ではなく、あくまでもお世話になった人たちへの報告だと考えるべきです。

　挨拶状も封筒付二つ折カードのような見栄えの良いものを送ろうとすれば数万円単位で費用がかかります。場合によっては親しい弁護士に対してはSNSなどでの報告で済ませるという手もあるでしょう。また、挨拶状自体も、自分の事務所名入りの封筒にコピー用紙にプリントアウトした挨拶状を添えて送付するという方法で全く問題ありません。

　事務所開きについても同様で、行う場合も見栄をはる必要はなく、おもてなしの精神を大事にしましょう。

　なお、弁護士が初めて進出する自治体の場合、法律事務所の開業自体がニュースになることがあります。これだけ弁護士が増えたのだから最早ニュースバリューはないだろうと思われるかもしれませんが、著者が知る限りここ１～２年だけでもそういった報道を複数回見かけています。これは、法テラスやひまわり基金法律事務所に限った話ではありません。したがって、開業地域に弁護士不在自治体を選んだ場合は、地元報道機関にあいさつに行くと共に、プレスリリースを流すと良いでしょう。

12　事務所名

　事務所名は、事務所ウェブサイト制作段階や名刺作成段階には確定しておかなければなりません。法律事務所の名称は大きく以下の3種類に分類されます。

---

① 　地域や駅名を冠したもの
② 　弁護士名を冠したもの
③ 　理念や想いを冠したもの

---

　①と③の複合、複数の弁護士のイニシャルから取ったものなどバリエーションはありますが大きな分類としては上記の3種類となります。

　事務所名についても、地域密着型の法律事務所であることを前提に検討すべきです。すなわち、①の地域や駅名を冠した名前を付けるべきです。地域や駅名を付ける理由は、顧客の検索容易性です。地域や駅名が付いていれば、電話帳などで調べた地域住民は地元の事務所なのだとすぐに理解できます。

　また、これはSEO対策という意味もあります。地域住民がインターネットで法律事務所を探す際は、「地域名・駅名　弁護士」「地域名・駅名　法律事務所」などのキーワードで検索する場合が多いと考えられますが、事務所に地域名や駅名が付いていれば事務所のウェブサイトが最上位に表示される可能性が高くなります。

　さらに、事務所名に地域名や駅名を付けるというのは、先行者利益の確保という側面もあります。たとえば、弁護士名を冠した事務所名を付けた場合、後から同じ地域に進出してきた弁護士が地域名や駅名を冠した事務所名を付ける可能性があります。そうすると、地域住民が「地域名・駅名　弁護士」で検索すると、後に進出してきた弁護士の事務所ウェブサイトの方が上位に表示されることになるでしょう。せっかく先行者利益を確保する機会を得ていたのにこれはもったいないです。シンプルに「(地域名・駅名)法律事務所」

と名乗れるのは一事務所だけなのですから、その利益は享受すべきです。

　なお、事務所名に地域名を付ける際、気を付けないといけないのが、類似の地名が無いかということです。これは開業地域を検討する際にも注意すべき事項です。たとえば、筆者が開業している場所の住所は東京都品川区「小山」です。最寄駅が武蔵小山駅なので「武蔵小山法律事務所」と名付けていますが、仮に「小山法律事務所」と名付けていたら大変なことになります。小山という地名は全国にたくさんあります。さらに、全国には小山先生もたくさんいらっしゃいます。地域住民が「小山　弁護士」「小山　法律事務所」と検索すると、著者の事務所のウェブサイトにたどり着くことは困難です。地域住民が「品川区小山　弁護士」「品川区小山　法律事務所」と検索し直してくれれば良いですが、検索範囲を「品川区　弁護士」「品川区　法律事務所」に広げる方が自然です。そうなると、今度は品川区内の弁護士と競合することになります。開業地域検討の際は、事務所名、さらに地域住民が検索する際のキーワードにまで配慮しなければなりません。

　事務所名を付ける際、事務所ロゴをどうするかも検討の俎上に載りますが、独立開業時にロゴがなくても全く問題ありません。経費を削減する関係上、数万円かけてロゴのデザインを依頼することはお勧めしません。事業が軌道に乗ってから改めて作れば良いでしょう。独立開業して必死に経営していると地域や事務所に愛着が湧くようになり、事務所のイメージが自分の中でもしっくりとしたものになってきます。そうなったタイミングで、デザイナーにイメージを伝えて自身の想いをロゴにした方が、良いロゴになるのではないかと思います。ちなみに、著者の事務所のロゴは、独立開業から3年後に自作しましたが、開業地である「武蔵小山」をイメージして作りました。

13　弁護士報酬

　開業日までに事務所の報酬も決めておかなければなりません。どう設定するかは悩ましいところです。ただ、一点だけ強調しておきたいのは、合理的理由のない値下げ戦略は身を滅ぼすということです。地域密着型法律事務所

の場合、立地という最大のアピールポイントがあり、近隣の弁護士よりも報酬基準を下げることで差別化を図る必要性は低いといえます。もちろん、将来の顧問契約を見越して特定の顧客に対して報酬を割り引くことや経験がない分野で弁護士自身が積極的に取り組んでみたいと考えて低めの報酬で受任することはあり得えます。また、分割払に応じること、事案によって着手金と成功報酬の比率を変えることなどは、適宜検討しても良いと思います。

なお、相談者の中には、報酬について質問することを躊躇する方もいるので、法律相談の際には、弁護士側が報酬について切り出すように心がけると良いでしょう。初回相談段階では報酬の見通しが立たない場合も、きちんとその旨を伝えるべきです。また、事務所の報酬基準の作成義務、委任契約書の作成義務などの「弁護士の報酬に関する規程」を遵守すべきことは述べるまでもないでしょう。

著者の実体験⑦

弁護士報酬

　率直に申し上げて、著者は報酬の取り方が下手です。そのため、本文中の記載も歯切れが悪くなっています。著者は、弁護士としての実務経験が少ない状態で独立開業しています。そのため、依頼者が事務所に来てくれるだけでありがたいと思ってしまう傾向が未だに抜けず、その気持ちが報酬に反映されてしまいます。依頼者に言われて報酬を下げるのではなく、著者の方で勝手に相談者の経済事情などを考慮して低い報酬を伝えてしまうのです。民事法律扶助の報酬基準とほとんど変わらない報酬で受任することも良くありますし、そこそこ争いのある訴訟案件を成功報酬なしの5万円で受任したこともあります。多くの場合、日本弁護士連合会の旧報酬基準通りの報酬を請求しても依頼者は快く支払ってくれたのではないかと思います。サービスに対して適正な対価を得るのは当然のことであり、この点において著者は経営者として未熟だと考えています。ですが、そのような弁護士であっても誰からも文句を言われることなく経営できるのも独立開業の良いところなのだと思います。

14 営業時間

　法律事務所の中には、営業時間について、窓口・電話受付時間と弁護士応対可能時間を分けているところも多くあります。窓口・電話受付時間は、平日9時～18時程度とし、予約すれば土日や夜間も相談に応じるといった形です。

　しかし、平日仕事をしている人からすると、電話予約の受付時間が自分の勤務時間と同じ時間帯というのは不都合です。レストランの予約であればいざ知らず、多くの場合、人生で初めての法律相談の予約です。仕事が終わった後又は休日に落ち着いて電話したい、そう思うのが人情ではないでしょうか。このようなニーズに鑑みれば、電話受付時間を夜間まで延ばす、土曜日も電話受付に応じるようにするというのが顧客志向といえますし、差別化にもつながります。週休2日を維持したいということであれば、月曜日を定休日にすれば良いのです（期日対応はせざるを得ませんが）。

　営業時間は、開業後顧客の反応を見ながら修正するということも可能ですが、以下の注意点があるため、できるだけ開業時までに詰めておくことをお勧めします。

　事務所ウェブサイトにも営業時間を掲載することになると思いますが、普通電話番号や営業時間は目立つ位置に表示します。法律事務所のウェブサイトの多くが、ヘッダー部分の右端に問い合わせ関係の情報を表示しています。この部分は、画像として作成されるのが通常です。たとえば、更新情報のようなテキスト部分は、後で変更することも容易ですが、画像部分は、その画像自体を作り変えなければならないため、テキストの変更に比べるとコストがかかる可能性があります。また、タウンページ広告のように一度出稿したら長期間修正ができない広告もあります。

　以上から、開業時までに、営業時間を固めておいた方が良いといえるでしょう。

> **著者の実体験⑧**
>
> **営業時間**
>
> 　著者の事務所は、電話受付時間を平日10時〜20時、土曜10時〜17時と設定しています。もっとも、土曜日は事務所に出勤しないことも多いです。電話代行を使っているため、事務所に電話があれば業者に転送されてすぐにメールで連絡が入ります。対応する必要があれば出勤するようにしています。土曜日にかかってくる法律相談希望の電話の中には、平日は仕事で忙しいので何とか土日に相談したいというものが比較的多くあります。特に用事が入っていなければ、その日か翌日の日曜日に相談に応じるようにしています。相談希望者の中には、予約すれば当日すぐに相談できると思っている方もいるので、可能な限り対応するように努めています。他の事務所に電話したけど予約できなかったから助かったと感謝されることも多く、土曜日も電話を受けられる体制にしておいて良かったと思うことも度々あります。

COLUMN ⑤ 法律相談料の無料化と営業時間

　従来、一般的な法律相談料は30分5000円（税別）が相場でした。しかし、債務整理など特定分野の相談を無料にする事務所が現れ始め、最近では分野に限らず初回の法律相談を無料にする事務所も増えてきています。さらに、無料相談時間を60分に延長する事務所も出てきています。業界内の競争が激しくなる中、事務所に見込顧客を誘引する手段として無料法律相談を用いているのです。確かに、これはこれで新規顧客獲得のための方策なので、参考にすべきなのですが、以下のような方法が使えなくなるということは意識しておいた方が良いでしょう。

　すなわち、普段は初回の法律相談を有料としつつ、キャンペーンで無料化するという方法です。開業記念、春の無料相談会、○○地域限定、○○高校出身者は無料など特別感を出すことで見込顧客の目を引くことが狙いです。常時初回法律相談を無料にしてしまうと、こういったキャンペーンを打つことができ

なくなります。そうすると、さらに何らかの付加サービスを提供しないと特別感を演出できなくなります。例として良く挙げられる付加サービスは、小冊子の配布といったところでしょう。しかし、小冊子にも最低限のクオリティが求められます。中身の薄い小冊子だと、かえって相談者は落胆する可能性があります。開業当初は依頼が少なく時間があるとはいえ、各分野の小冊子を作るとなると相応の時間がかかります。

　また、普段から初回法律相談を無料にしていると、紹介案件については初回法律相談を無料にするといったサービスも行えなくなります。紹介案件の初回相談無料化を行うと、紹介者は、「普段は有料なんだけど、私からの紹介だから無料なんだよ」と紹介しやすくなります。紹介者が紹介料を取ることはもちろん論外ですが、紹介者が少し得意げになれる程度に配慮するくらいは良いでしょう。

　こういった小技を使う場合は、普段の初回法律相談を無料化すべきではありません。

　なお、無料法律相談は、有料法律相談より受任率が下がるということは認識しておいた方が良いです。来所ハードルが下がる分、とりあえず相談しておくかという相談者が増えるのは当然です。

　また、無料法律相談に来る相談者は質が悪いという言説を良く見かけます。確かに無料法律相談を行うと、対応に困る相談者が来所する場合もあります。しかし、その比率は必ずしも高くありません。そもそも、明らかに対応に困りそうな相談希望者の場合は、問い合わせ段階で判明することも多いです。予約希望の連絡が来た場合、本書でお勧めしている電話代行ではスケジュール調整までは行えませんから、弁護士が直接折り返すことになります。その際に、事案の概要を聞き取れば、問題がありそうな相談希望者かはある程度把握できます。問い合わせ段階できちんと説明して法律相談を断る、無料法律相談は初回に限定するなどすれば、無料法律相談で業務が圧迫されるということはそう生じません。

　最後に、先ほど法律相談料を無料にする弁護士が増えたと述べましたが、ここで一つデータを示したいと思います。以下は、2010年以降に開業した法律事務所を無作為に抽出し、無料法律相談の有無及び電話受付時間を調べた結果で

図表 2-22 近時開業者の無料法律相談実施状況など

	初回 相談無料	分野限定で 初回相談無料	割引あり	特になし
①東京・大阪	15	6	9	20
②東京・大阪を除く政令指定都市	13	15	4	18
③①②を除く地裁本庁管轄区域	6	13	9	22
④地裁支部管轄区域	8	15	9	18

	18時以降 対応	土曜対応	両方	平日9時～ 18時の範囲内
①東京・大阪	6	1	7	36
②東京・大阪を除く政令指定都市	8	0	3	39
③①②を除く地裁本庁管轄区域	3	3	5	39
④地裁支部管轄区域	6	4	3	37

す。ウェブサイトなどの公開情報を基に調査しました。①東京・大阪、②東京・大阪を除く政令指定都市、③①②を除く地裁本庁管轄区域、④地裁支部管轄区域それぞれのカテゴリーでサンプルを50事務所とっています。

なお、無料法律相談に法テラス利用による無料相談は含めていません。

競争が激化している東京・大阪でも、2010年以降に開業した法律事務所の中で初回法律相談を完全に無料化している事務所は多数派ではないようです。分野限定で初回法律相談を無料化している事務所は、債務整理（過払い）や交通事故など受任すればかなりの確率で成功報酬が見込める分野に限っているところが多かったです。割引には30分当たりの相談料を割り引いているパターンと1時間5000円のような形で初回法律相談が長引くことを想定したパターンがありました。

興味深いのが、無料法律相談を行っているような事務所であっても、電話受付時間は、平日9時～18時の範囲内に設定している事務所が多かった点です。特に土曜に対応している事務所は少数でした。それらの多くが予約すれば土日夜間も対応すると明記しているのですが、本文中で述べたとおり、それだと普通の会社員は仕事をしている時間に相談予約の電話を行わなければならなくなります。それが果たしてサービス業として適切なのか、一考の余地があるでしょう。

15 法テラス

　法テラスと契約するかも独立開業前に検討しておくべき事項です。特に、法テラスの法律相談枠は、契約してもすぐには配点されません。契約する場合は、早めに手続を行っておくべきです。これは、国選弁護についても同様です。

　ところで、そもそも法テラスとの距離感をどうするかは独立開業する弁護士としては悩みどころです。民事法律扶助の報酬基準は通常の報酬相場から比べて相当低額に設定されています。それを理由に法テラスと契約しない弁護士もいます。また、作成・収集しなければならない書類が多く煩雑です。資力の低い依頼者の案件であっても、あえて法テラスと契約しなくとも、分割払いに応じることで対応は可能です。

　もっとも、法テラスと契約しておけば、法テラスの法律相談枠の配点が得られるというメリットや報酬債権が回収不能になるのを防げるというメリットもあります。

　本書では、国選や法テラスの法律相談枠がほとんど得られないという状況まで想定して各記載を行っていますが、独立開業当初の仕事のない時期は、ひとまず契約しておくというのが無難といえるのかもしれません。

　なお、民事法律扶助業務に係る事務の取扱いに関するセンターと弁護士・司法書士等との契約条項第16条第2項に「法律相談担当者は、業務方法書第9条に規定する代理援助又は書類作成援助の援助要件に該当すると思料する申込者に対して、地方事務所長の承認なく、自己と直接委任契約を締結するよう勧誘してはならない。」と定められている点には注意しましょう。

　以上が、開業前の準備です。その他、インターネットの契約・工事、事務所用口座・預り金用口座の開設、税務署・弁護士会などへの各種届出、各種保険加入などを行えばいざ開業ということになります。次章からは、既存の顧客、紹介者などがいない状況でゼロから事務所を開業した後、いかにして案件を獲得していくのかを検討していきます。

第3章
地域密着型法律事務所の営業・広告宣伝

本章では、地域密着型法律事務所の営業・広告宣伝について述べていきます（Web対策は第4章で取り上げます）。開業地域の選定、物件選びを慎重に行い事務所を立ち上げても、それだけで地域の人々が相談に来てくれるとは限りません。自分の存在、事務所の存在をターゲットたる地域住民に知ってもらうことが重要です。どうすれば自分の存在、事務所の存在を地域に浸透させることができ、受任につなげられるのか、ここではそのための方法について述べていきます。

営業・広告宣伝の基本的な考え方

(1) ターゲットと目的

具体的な話に入る前に、まず営業・広告宣伝全体に共通する考え方について言及します。各営業・広告宣伝方法を検討する際、ターゲットを設定する必要があります。これまで、地域密着型法律事務所のターゲットは地域住民・法人だと述べてきました。事務所全体のターゲットとしてはこれで問題ありませんが、さらに営業・広告宣伝方法ごとの細かいターゲットを検討する必要があります。ターゲットを適切に設定できれば、そのターゲットに対してどういった営業・広告宣伝方法が有効なのかも検討できるようになります。

また、各営業・広告宣伝方法の目的が何なのかも意識する必要があります。事務所への相談予約を促す、セミナーへの参加を促す、将来を見越した信頼関係の構築を目指す、事務所の知名度を上げるなどです。目的によって、営業・広告宣伝の中身が変わってきます。たとえば、単に事務所の知名度を上げるためだけではなく、事務所への相談予約を促すという目的であれば、事務所紹介のチラシを撒くだけではなく、そのチラシに無料相談クーポンを付けた方が効果的でしょう。

以上を踏まえた具体例を挙げると、たとえば、債権法改正による契約書改定需要の発掘を目的に、債権法改正のニュースを見て不安を抱いている不動産オーナーをターゲットとして、「これで安心！ 債権法改正とこれからの不動産賃貸実務」という無料セミナーを開催、富裕層が多いエリアに新聞折

込広告を重点的に行うといったものになります。

> **各営業・広告宣伝方法に共通する思考パターン**
> ①　ターゲットはだれか？
> ②　各営業・広告宣伝の目的は何か？（相手にどういう行動を望むのか？）
> ③　①②との関係で適切な営業・広告宣伝方法・内容は何か？

(2) 二つの軸

　また、各営業・広告宣伝方法が、今現在法律問題を抱えている人々に対するものなのか（既発生需要へのアプローチ）、将来法律問題を抱え得る人々に対するものなのか（未発生需要へのアプローチ）を意識することが大切です。各営業・広告宣伝方法は、必ずしも100％前者、100％後者と分類できるわけではありませんが、前者寄り、後者寄りというように考えることは可能です。

　たとえば、開業後、あいさつ回りを行うことになると思いますが、あいさつ回りをしてすぐにその場で依頼・紹介につながるというのは、よほどタイミングが良いケースを除き稀でしょう。そうすると、あいさつ回りは未発生需要へのアプローチという側面が強い手法ということになります。未発生需要へのアプローチは、将来相手に法律問題が生じた際に依頼してもらったり、法律問題に直面した友人・知人を紹介してもらったりするためのものです。そのために事務所の知名度を上げたり、相手と信頼関係を築いたりすることを目的としています。知名度の向上や信頼関係の構築は一朝一夕では達成できません。一つの方法を一度行うだけでは効果が薄く、継続的なアプローチが必要です。あいさつ回りに関していえば、あいさつをした相手とその後も継続的に接触できる関係を築くことが重要となります。

　一方、無料法律相談会の実施は、その時点で既に法律問題を抱えている人を主なターゲットにしているので、既発生需要へのアプローチという側面が強い手法です。もっとも、無料法律相談会についても未発生需要へのアプローチという側面がないわけではありません。相談会開催の告知広告を出すことによって、その時点においては法律問題を抱えていない地域住民にも、事務

所の存在を認識してもらうことができます。また、無料法律相談会自体にも、未発生需要へのアプローチという側面があります。相談者の中には、「無料だしとりあえず将来に備えて参考程度に相談してみるか」といった軽い気持ちで相談し、依頼することまでは考えていない人もいます。しかし、そういった相談者にも丁寧に対応し、好印象を持ってもらう、頼りになりそうだと思ってもらうことで、将来の受任につながる可能性があります。

なぜこのような分類を行うかというと、各営業・広告宣伝方法の効果を検証する際に役に立つからです。たとえば、あいさつ回りを熱心に行っても1件も相談の予約が入らないということがあります。しかし、あいさつ回りは未発生需要へのアプローチという側面が強いのですから、それ自体は当然のことで全く気に病む必要はありません。重要なのは、訪問先と継続的に接触できるような関係を築けるかです。一方、無料法律相談会の告知を行ったのに反響がゼロということだと問題です。こちらは既発生需要へのアプローチですから、なぜ反響がゼロなのか検証し、対策を講じなければなりません。

既発生・未発生需要へのアプローチという分類は、各営業・広告宣伝方法のバランスを考える際にも参考になります。検討している営業・広告宣伝方法が、未発生需要へのアプローチばかりなのだとしたら、効果が現れるまで時間がかかり、しばらくは新規案件が来ないということにもなりかねません。既存顧客の対応に追われているような繁忙期であれば、閑散期を見越してそのような選択をすることも合理的ではあります（種まき）。しかし、開業当初であれば、既発生需要へのアプローチを積極的に行う必要があります。

同様の理由により、各営業・広告宣伝方法が新規顧客向けなのか、過去の依頼者を含めた既存顧客向けなのかということを意識することも大切です。独立開業から時間が経てば、既存顧客が増えます。既存顧客がある程度増えると、新規顧客の開拓よりも、既存顧客の再依頼や友人・知人の紹介を意識した方が効率は良くなります。事務所レターの発行などは、既存顧客を意識した方法といえるでしょう。

このように、営業・広告宣伝方法は、未発生・既発生、新規・既存という軸で分類することができます。本章以降で扱う各営業・広告手法を分類する

図表3-1 営業・広告宣伝の分類

	新　規	既　存
既発生	無料法律相談会の開催 新規顧客向けセミナーの開催 新規顧客向けDM タウンページ広告 行政広告 タウン情報誌 事務所ウェブサイト Googleマイビジネスへの登録 リスティング広告 分野ごとの専門ウェブサイト 弁護士ポータルサイト	既存顧客向けセミナーの開催 既存顧客向けDM
未発生	あいさつ回り 地域活動への参加 異業種交流会への参加 SNSの活用 インターネットメディアへの露出	メルマガ・事務所レター ビジネスランチ

と**図表3-1**のようになります。

　なお、営業・広告宣伝方法の中には、顧客開拓を目的とすると共に事務所の信用力・ブランド力を上げるために行うものがあります。たとえば、自治体の証明書発行窓口の備え付け封筒に広告を掲載するという方法があります。これは、相続手続などで戸籍や住民票を取りに来た住民に対して弁護士への相談を促すための広告ですが、同時に自治体の封筒に掲載されている事務所ということで、信用力・ブランド力向上にも資するものです。先に挙げた既発生・未発生、新規・既存という分類ほど重要ではありませんが、そういった評価軸もあるということは頭の片隅に入れておいても良いと思います。

　以上を踏まえて具体論に入っていきたいと思います。

第3章 地域密着型法律事務所の営業・広告宣伝

あいさつ回り

　独立開業後最初に行うのがあいさつ回りです。開業地域の他士業、地元商店会・町内会、物件探しの際に立ち寄った不動産業者、同じビルに入っているテナントなどにあいさつに行きましょう。また、開業準備段階で、自治体や商工会に開業の相談を頻繁に行っていた場合は、お礼も兼ねてあいさつ回りに行くと歓迎してもらえます。

　ここで注意が必要なのが「弁護士等の業務広告に関する規程」（以下、「業務広告規程」と表記します）、「弁護士及び弁護士法人並びに外国特別会員の業務広告に関する指針」（以下、「業務広告指針」と表記します）です。弁護士が営業・広告宣伝を行う際にはこれらを遵守しなければなりません。あいさつ回りに関係するのが業務広告規程第5条第1項です。

> **業務広告規程第5条第1項**
> 　弁護士等は、面識のない者（現在及び過去の依頼者、友人、親族並びにこれらに準じる者以外の者をいう。以下同じ。）に対し、訪問又は電話による広告をしてはならない。（以下略）

　あいさつ回りが「訪問」「による広告」に該当するかが問題になります。「広告」の定義は、業務広告規程第2条に定められています。

> **業務広告規程第2条**
> 　この規程において「広告」とは、弁護士又は弁護士法人が、口頭、書面、電磁的方法その他の方法により自己又は自己の業務を他人に知らせるために行う情報の伝達及び表示行為であって、顧客又は依頼者となるように誘引することを主たる目的とするものをいう。

　あいさつ回りが「顧客又は依頼者となるように誘引することを主たる目的とするもの」かがメルクマールとなるようです。「主たる目的」が「顧客誘引」に当たるか否かは、「弁護士等の主観のみを基準とするのではなく、広告内容、

広告がなされた状況等の事情を総合して判断」されます（業務広告指針第2 2(1)）。

名刺を渡し、開業した旨を伝えるだけであれば、主目的は法律事務所が地域にできたことを知ってもらうことですから問題にならないでしょう。実際、日本弁護士連合会編『第2版　弁護士のための事務所開設・運営の手引き』においても、「仕事（依頼者）の獲得方法」という項の中で、「事務所開設地付近の，税理士，公認会計士，司法書士，不動産鑑定士，社会保険労務士等自分が関係しそうな専門職に開業の挨拶をしておくことは有効である」という記載があります。また、業務広告規程第5条第1項の趣旨の一つとして「面識のない弁護士等から直接訪問や電話を受けること自体が相手方に奇異な感情や不快感を生じさせることが多いと認められること」（業務広告指針第5　1(1)イ）が挙げられているので、この趣旨を頭に入れておくと良いでしょう。

前述のとおり、あいさつ回りの主目的は、事務所が地域にできたことを知ってもらうことです。しかし、その背景には、将来法律問題が生じた際に依頼してもらったり、友人・知人を紹介してもらったりするために、相手と信頼関係を築くための第一歩とするという目的もあります。まずは、訪問した相手と近所で出会ったり、地域のイベントで会ったりしたときに、軽くあいさつして立ち話できる程度の関係を築ければ十分です。

なお、あいさつ回りで顧問契約などの売込みをするのはNGです。業務広告規程との兼ね合いがあるのはもちろんですが、あいさつ回りでいきなり顧問契約の売込みをすると信頼関係の構築が難しくなりますし、また、売込みが「頼み込み」レベルだと、相手との間に完全な上下関係ができあがってしまいます。仮に頼み込むことによって顧問契約を締結できたとしても、完全な上下関係ができあがると、相手からの弁護士倫理上問題があるような依頼に対して拒否しづらくなってしまいます。これは、反社会的勢力に弁護士が巻き込まれていくパターンでもあります。確かに開業直後の弁護士にとって新規案件の獲得は死活問題ですし、新規案件を獲得するために無料で相談に乗る、有益情報を提供するなどのサービスを行うことは検討の余地があります。しかし、頼み込み営業は行うべきではありません。これはあいさつ回り

COLUMN ⑥ 受任率

　本文中、あいさつ回りで訪問先に顧問契約などの売込みを行うのはNGだと述べました。類似した問題として、事務所に来所した相談者への対応が挙げられます。来所した相談者に積極的に依頼を促すことが、結果的に事務所の経営にマイナスになることがあります。

　著者の事務所で以下のようなケースがありました。あるとき、離婚の任意交渉を依頼した場合の費用、メリットなどを相談したいという予約が入りました。事案の概要を聞いた著者は、その段階で弁護士が介入するのは早いのではないかと感じました。当事者同士が比較的冷静に話合いを進めており、弁護士が介入するとかえって相手の態度が硬化する可能性があるように思えたからです。率直にその旨を伝えたところ、相談者から実は他の弁護士にも相談に行ったのだが、そこでは調停になってから依頼しても、今依頼しても着手金は同じだから今依頼すべきだと言われたとの話が出ました。「そういう弁護士もいるのかもしれませんね」と言いつつ任意交渉で解決するためのポイント、離婚協議書の記載事項についてアドバイスして相談を終えました。後日、その相談者は著者の事務所を再訪しました。交渉が上手くまとまったので、離婚協議書の中身を確認してほしいとのことでした。このケースでは、弁護士が任意交渉から介入していた場合も、上手くまとまったかもしれません。その場合、離婚協議書の確認よりも高額な報酬を得ることができたはずです。しかし、弁護士が介入したことによって相手方の態度が硬化し、相手方も弁護士に依頼、調停・訴訟にまでもつれ込む可能性もありました。互いに人生の再スタートを切ることをほぼ合意していた当事者にとってそれは不幸なシナリオです。場合によっては、依頼者から「あんたのせいで揉めたんだ」「話が違うじゃないか」と恨みを買い、報酬で揉めたり懲戒請求されたりするおそれさえあります。そうなると対応コストがかかることになります。積極的な売込みによる受任にはリスクもあると著者は考えます。

　上記のように、積極的な売込みをしないと受任率が下がると思われるかもしれません。しかし、著者の事務所では、紹介者のいない一見客でも受任率は約3割とそれほど悪くはありません。多くの場合、「ご不安なら他の事務所も回って

みることをお勧めします」と言うようにもしています。

　弁護士が提供する交渉代理や訴訟代理といったサービスは、1回きりの商品売買と異なり、継続的な関係を伴いますし、一般の市民からすれば高額な契約です。また、互いの相性もあります。ですから、こちらから強く依頼を勧めるということはせず、相談者の決断に委ねるようにしています。「どうしたらいいでしょうか」と選択を弁護士に委ねたがる相談者もいますが、そういった場合も、「○○であれば××の方が良いですし、△△であれば□□の方が良いです」と選択肢を挙げるようにしています。

　とはいえ、いくつか気を付けていることはあります。

　まず、ヒアリングに時間をかけるようにしています。事務所での相談と相談の間には少なくとも2時間は間隔を空けるようにしています。法律事務所を訪れる人の中には、とにかく話を聞いて欲しいという人もいます。そのため、話し始めると止まらない相談者の場合は、できるだけ話の腰を折らず、ひとしきり話し終えるのを待つようにしています。そうすると、来所時には「絶対に訴えてやる」と感情的であっても、すっきりして矛を収める相談者もいます。また、じっくりと話を聞く姿勢自体が、相手との信頼関係構築に役立ちますし、無関係だと思えた話から重要な事実が判明することもあります。ですから効率的な相談と難しく考えず、余裕を持って相談を受けるようにしています。なお、相談時間1時間前後であれば30分の相談料から追加料金はいただいていません。次の予定が迫っている場合は、相談者に対して、「次の予約も入っていますので、私の方からいくつかお尋ねします」と言って要点を聞き取るようにしています。

　二点目に、共感する姿勢を示すようにしています。適宜相槌を打つ、相手の方を見て対応する、相手の名前を呼ぶといったことはもちろんですが、共感していることを具体的に示し、相手の苦労に対しては労うようにしています。共感を示すというのは、著者の場合（話の腰を折らないように気を付けつつ）自分自身の似た経験を話すようにしています。「お気持ちは分かります」という言葉は、軽い言葉です。「弁護士のあなたに何が分かるんだ」という反応を招いてしまうこともあります。しかし、「実は、私もこういう経験をしたことがあるので、お気持ちはお察しします」という態度を示せば、相談者はこの人は味方なのだと親近感を抱いてくれます。もちろん、あまりに悲惨な状況に置かれた相談者

に対してそのような発言をすることは非礼に当たりますが、多くの場合多少は似たようなひどい目にあった経験、騙された経験はあるのでプライベートなことでも話すようにしています。

　三点目に、極力法律用語を使わずに話すよう心がけています。これは言わずもがなでしょう。

　四点目に、相談者が次にとり得る選択肢を提示するようにしています。弁護士に頼まずに行動する場合の流れ、弁護士に依頼する場合は、その時期の選択肢、依頼内容、メリット・デメリット（主に費用）などを伝えています。また、それらを示したうえで、改めて質問の時間を設けるようにしています。

　五点目に、サービス業としての接遇には気を付けるようにしています。最低限の社会人マナーはもちろんですが、たとえば、若干の調査が必要でその場では明確に回答できないような質問が出た場合には、費用は特にいただかずに数日以内に電話ないしメールで回答するようにしています。

に限らず本章で言及する営業手法全てに共通することです。弁護士の営業とは、相手との間に信頼関係を構築することが基本であると考えるべきです。その前提できちんとターゲットを絞り、適切な営業・広告宣伝を行えば、新規案件の獲得は十分に可能です。

 地域活動への参加

　日本弁護士連合会の「弁護士業務の経済的基盤に関する実態調査報告書2010」によると、「初めての受任経路」の47％が紹介によるものとされています。割合としては徐々に下がってきているようですが、依然受任の約半分が第三者からの紹介によるものです。その理由の一つとして弁護士が提供するサービスの評価・比較が難しく事務所の良し悪しが判断できないといった情報の非対称性が挙げられますが、弁護士の敷居が高く「一見さんお断り」というイメージがあることも理由の一つではないでしょうか。

　最近は異業種交流会で弁護士を良く見かけるようになったと聞きますが、

それでも多くの市民にとって、弁護士はまだまだ遠い存在です。学校の同級生に弁護士がいるというような環境は一般的ではありません。著者は弁護士が過剰と言われて久しい東京23区内で独立開業していますが、未だに地域の方々から「弁護士に会ったのは初めてだ」と良く言われます。

　そのようにレアで敷居の高い職業ということを考慮すると、地域住民がその地域の弁護士と面識があるかは大きな意味を持ちます。一度でも会ったことがある弁護士であれば、相談のハードルは大きく下がります。これは、紹介についてもあてはまります。

　たとえば、町内会長が地域の住民から相続の相談を受けたとして、地域の弁護士と面識がなければ「そういえば駅前に法律事務所ができたから行ってみたら？」程度の助言しかできません。しかし、面識があれば、「駅前の法律事務所の○○先生、この間会ったけど話しやすそうな感じだったから行ってみたら？　名刺ももらったから電話番号教えるよ」と誘導してくれるかもしれません。さらに、親しい関係であれば、「そういうことなら駅前の○○先生のところに相談するのが良いよ。今から電話してあげよう」と紹介してくれる可能性もあります。町内会長も、地域住民から「さすが町内会長、顔が広い」と思ってもらえるので正にWin-Winです。

　このように、地域住民に法律事務所の存在自体を知ってもらうことも必要ですが、弁護士個人を知ってもらうこと、これが地域密着型法律事務所にとって極めて重要です。そして、弁護士個人のことを知っている地域住民の数も大事ですが、その人達がどのような人脈を持っているかも無視できません。たとえば、交友関係が広く、周りからの信望の厚い地域の顔役と信頼関係を築ければ、その人を通して色々な紹介を受けられるようになります。先ほど例として挙げた町内会長は、この人物像にあてはまるといえるでしょう。

　では、地縁のない場所で開業した場合、どうすれば地域住民に弁護士個人のことを知ってもらえるのでしょうか。第2章で開業地域の選定方法について解説しましたが、分析の結果、自分と地縁のある地域には既に弁護士がいるため、一度も訪れたことのない地域で開業するという事態もあり得ます。そういった場合は、正にゼロからのスタートということになります。

地域住民に弁護士個人のことを知ってもらう方法、それは地域コミュニティへの積極的な参加です。弁護士も地域住民の一人であることには変わりないのですから、地域に溶け込んでいけば良いのです。

以下、具体例を示していきます。なお、地域から仕事を得るということは、当然利益相反の可能性が高まります。利益相反チェック体制を整え、念入りに確認するようにしましょう。

(1) 消防団

消防団は、それぞれの市区町村に設置されている地域住民による消防機関です。消防署と連携して、火災の際の消火、平時の災害予防、消火訓練などを行います。

近年、消防団は全国的に慢性的な人手不足に陥っています。特に体力のある若手の需要は高くなっています。消防団が人手不足に陥っている理由は、地域コミュニティの稀薄化、負担が重い、勤務先と住居が離れているため活動が困難などの理由があるようです。

一方、消防団長など一定の役職に就くと、叙勲の対象にもなることから、地域の名士が所属しているケースもあります。また、町内会、商店会から人員が派遣されているケースもあります。消防団には、地域住民からの信望が厚く相談を受けやすい立場の人が入団している傾向があるのです。

消防団に弁護士が入団する例というのは滅多にないようです。そのため、入団するだけで地域に噂が広がります。地域コミュニティのつながりは稀薄化傾向といっても密なので、噂の拡散スピードは想像以上に速いです。入団資格は、地域在住又は在勤の18歳以上の健康な者とされていることが多いため、入団自体のハードルは高くありません。

前記のとおり、消防団には、地域住民から相談を受けるような立場の人が入団している傾向があるので、団員と親しくなれば、法律問題を抱えた地域住民の紹介が望めます。

(2) 町内会・商店会

　消防団よりは範囲が狭くなってしまいますが、町内会・商店会も地域住民に自分の存在を知ってもらうための場として活用できます。加入するだけでは意味がなく、会合に出席して一緒に町内・商店街のことを考える必要があります。町内会・商店会も高齢化しており、若者が求められています。餅つき、お祭りなどのイベントも多く、接触する人の数では消防団よりも町内会・商店会の方が勝っています。お祭りの出店で焼きそばを焼けば、弁護士の硬いイメージが一発で払拭されます。

　商店会の中には弁護士と顧問契約を締結しているところもあります。また、古くからある商店会組合だと、不動産経営を行っている組合員が一定数いる場合があり、不動産関連の相談が見込めることもあります。

　町内会・商店会組合で積極的に活動するメリットは、弁護士個人のことを知ってもらえるということに留まりません。無料相談会などの告知を行う際、町内会の掲示板に告知チラシを貼らせてもらえたり、回覧板に載せてもらえたりする場合があります。また、商店会組合員の店舗にチラシを置かせてもらえたり、告知ポスターを貼らせてもらえたりする可能性もあります。町内会・商店会組合は持ちつ持たれつの関係ですから、積極的に活動すれば喜んで告知の協力をしてくれます。

(3) PTA

　強制加入性や役員選びの公平性など最近評判の悪いPTAですが、弁護士にとっては多くの地域住民に自分のことを知ってもらえる場でもあります。PTAの役員には、自営業者が多いといわれていますが、これはサラリーマンに比べて自営業者の方が時間に融通が効くという理由だけではありません。実は、自営業者の中には、積極的にPTA役員になりたがる人もいます。PTAの活動で他の保護者に顔を売ることで、店の売上につながるケースがあるからです。公立校の場合、保護者は皆近隣住民です。商圏が狭い店舗経営者にとって他の保護者は大事な見込顧客なのです。

　これは、地域密着型弁護士の場合にもあてはまります。PTA活動を熱心

COLUMN ⑦ 職住近接

　本文中で地域活動への参加について触れましたが、地域に積極的に関わっていくためには、自分自身もその地域に居を構えるのが理想です。既婚者の場合、家庭の事情があるため難しいかもしれませんが、単身者の場合はできるだけ事務所の近くに住むことをお勧めします。これにより地域活動にも参加しやすくなりますし、地域の事情にも詳しくなります。知人、友人も増え地域への愛着がわきます。その結果、地域での新規開拓もスムーズになります。また、職住近接は、都会の場合、満員電車に乗らなくて済むという大きなメリットがあります。

　もっとも、地域に関われば関わるほど、地域コミュニティ特有の濃い人間関係に触れることになるため、慣れていなければ大変かもしれません。著者自身、田舎の人間関係が嫌で上京してきた面があるので、地域コミュニティへの積極参加には苦手意識がありました。休日に無精ひげを生やして気の抜けた状態で歩いていると、「先生、今日はラフな格好していますね」と不意に話しかけられることもあります。泥酔していると後日「先生、この間酔っぱらってふらついてましたが大丈夫でしたか」と指摘を受けることもあります。あまり羽目を外すことができません。また、ボランティアとして地域活動に参加していたはずが、参加して当然という暗黙の前提を押し付けられる場合もあります。なかなかに大変ですが、これらは地域密着をウリにする事業の宿命ともいえることですので適応していくしかありません。

　一方で、地域に助けられることもあります。たとえば著者は、開業から間もなく地元の消防団に入団したのですが、あるとき風邪をひいたため消防団の定例会に欠席の連絡を入れたところ、団員が栄養のある料理を持ってきてくれたことがありました。一人暮らしで買い物に行くのもつらい状態だったので、救われました。

　このように長所・短所はありますが、いずれにせよ著者としては職住近接をお勧めします。地域に疲れたら旅に出ましょう。

に行い、保護者の間で顔を売っておけば、何かあった際に頼りにしてもらえます。さすがに相手方の顔が見える離婚は受任したくありませんが。

(4) 地域活性化プロジェクト

　地方に顕著ですが、行政が地域活性化プロジェクトを立ち上げ、プロジェクト参加者を募集していることがあります。中には報酬が支払われるものもあります。

　地域活性化プロジェクトでは、地域外からの移住者の視点が大切です。その地域で生まれ育った人達だけだと地域の常識・慣習に囚われ発想が偏ってしまうからです。地縁のない地域での開業の場合、その弁護士は、地域外からの移住者の視点を持っていることになるため、このポジションにぴったりです。

　地域活性化プロジェクトに参加する人は、地域に貢献したいという熱い想いを持っていますから、地域に様々なネットワークを有していることが多いです。また、プロジェクトの中で実際に地域住民や店舗に対してヒアリングを行うこともあるため、自分自身の人的ネットワークも拡大しますし、行政側にも人脈ができます。地域の町おこしリーダーとして活躍すれば、地域住民も安心して相談することができます。

(5) 行政・商工会

　弁護士が少ない自治体では、直接行政や商工会と連携できる場合があります。といっても、いきなり連携の提案を行っても無下に扱われる可能性があるため、まずは行政や商工会の職員と人間関係を作る必要があります。その一つの方法が、前章で述べた開業準備段階で頻繁に行政や商工会に相談に行くというものです。開業に移住を伴う場合は、Ｉターンの相談会に足を運び職員と仲良くなるのも良いでしょう。地域活性化プロジェクトへの参加も同様です。その他、行政が行う各種住民向け説明会に参加するのも手でしょう。

　行政・商工会と連携できれば、地域住民・団体向けの相談会やセミナーを協力を得ながら行うことができるようになりますし、事務所の信用力も高ま

ります。また、自治体職員向けの研修を依頼されたり、各種審議会の外部委員などに委嘱されたりといった機会も出てきます。

(6) バー、喫茶店、美容院、マッサージ店など行きつけの店
　バーでたまたま知り合った人から相談を受けて受任することになったという話は業界内で良く聞く話です。地域活動への参加という表題からは少し外れてしまいますが、地域密着型の弁護士にもこういった受任経路はあり得る

COLUMN ⑧ 弁護士バッジ

　弁護士物のドラマなどの影響で、一般の人にも弁護士バッジの存在は結構知られています。一方、比較的多くの弁護士が、普段は弁護士バッジを着けていなかったり裏返していたりします。理由は様々でしょうが、地域密着型弁護士の場合は、ジャケットを着用しているときは常に弁護士バッジを表にして着けることをお勧めします。弁護士バッジを着けて行動すること自体に宣伝効果があるからです。
　たとえば、著者は役所の窓口で呼び出されるのを待っている際、隣に座っていたご老人から「弁護士の先生ですか、良かったら名刺をいただけませんか、相続で悩んでいるのでそのうち相談に行きたいんです」と声をかけられたことがあります。スマホを見ながら完全に自分の世界に入っていたので驚きましたが、名刺を渡して簡単に自己紹介しました。そのご老人は、後日事務所に予約の電話をしてくださいました。
　前記のとおり、弁護士バッジの存在はある程度知られていますので、良く利用する飲食店やコンビニの店員は、口にしないだけでこちらが弁護士であることに気付いている可能性もあります。彼らが何らかの法律問題を抱えて地域の弁護士を探した結果、見かけたことのある弁護士の顔が出てくれば、「ここに相談してみようかな」と思うのも自然な流れでしょう。
　また、弁護士バッジというのは世間話の材料にもなります。テレビなどで見たことはあっても、実際に現物を見たことがある人はそれほど多くありません。

ところです。バー以外でも、たとえば馴染みの喫茶店でマスターとお客が話している際、マスターが「そういうことならあちらの○○さん、弁護士だから少し相談してみたら」と言ってつないでくれるということもあり得ます。コーヒーは個人経営の喫茶店で飲むと決めて地域の喫茶店を巡るのも楽しいものです。バーよりも安上がりですし。

　バーや喫茶店のように、弁護士本人がたまたま店に同席しているといったシチュエーション以外でも似たようなことは起こります。たとえば馴染みの異業種交流会などでは、弁護士バッジに興味を示す人もいます。そういった人に、バッジの裏に印字された登録番号の話やベテラン弁護士のバッジほど錆びているといった話をすると盛り上がります。

　もちろん、常に弁護士バッジを着けるというのは、日頃の行いに気を付けなければならないということでもあります。特に居酒屋では羽目を外しすぎないようにしなければなりません。

　ところで、弁護士バッジを着けて行動すること自体に宣伝効果があるという発想を少し拡大すると、車社会限定になりますが、自家用車を活用する宣伝方法が浮かんできます。自分の車に事務所名、所属弁護士会、弁護士名、電話番号をラッピングするという営業車化です。もっとも、自家用車に常時ラッピングしておくというのは、プライベートで乗るときに格好良くありません。また、出張法律相談を行う際、法律事務所名が大きくラッピングされた自動車が自宅の駐車場に止まることを嫌がる相談者も多いでしょう。そこで、一つのアイディアとして、着脱式のマグネットシートを活用するという方法があります。裁判所や役所と事務所を往復するときは装着し、プライベートなどで乗車するときは外すといった運用です。裁判所や役所に駐車する際は、歩行者の目につきやすい場所に駐車すると、本人訴訟をするかどうか悩んでいる人や相続手続のために戸籍を取りに来た人に訴求効果があります。また、レストランで昼食を取る際など、駐車場の中でも道路から見えやすい位置に駐車し、歩行者などの目に留まるようにするというのも良いでしょう。弁護士ではありませんが、地方議員の中には、政治活動用の自動車でこのような運用を行っている人もいます。

美容院やマッサージ店で、「そういえば、うちのお客さんがこの間離婚するかどうか悩んでいるって話していたんですが、先生、相談に乗ってあげてくれませんか？」といったケースです。前提として自分の職業を店員に伝えて

COLUMN ⑨ アイディアの種

　本書で述べている営業・広告宣伝方法の多くは、著者の営業職経験・議員秘書経験の中で得た知見を下敷きにしています。特に地域活動への参加は、議員秘書時代に多くの地方議員の活動を間近で見たことに大きな影響を受けています。

　地域住民の意見や要望を吸い上げ、行政に活かすのが地方議員の役割です。そして、彼らも公職選挙法上戸別訪問が禁止されています（「選挙に関し」と限定は付いていますが）。我々が政治家の活動として良く目にするのは街頭演説ですが、これは業界用語で「空中戦」と呼ばれる活動の一種です。よほど追い風が吹いていない限り、空中戦だけで当選することは困難といわれています。選挙に強い政治家は、地域の様々な団体・コミュニティに所属し、有権者と接点を持っています。そして、そこでの活動で得た信頼を票につなげているのです（業界用語で「地上戦」と呼ばれる活動）。

　地域密着型弁護士の役割は、地域住民の法律問題に関する相談を受け、解決するというものです。「地域住民の意見や要望を吸い上げ、行政に活かす」という地方議員の役割と類似する部分があります。彼らの日々の活動を分析すれば、弁護士の営業手法に活かすことができます。

　営業・広告宣伝方法をゼロから考えるのは極めて難しいことですが、他の業界で行われている方法を学べば、取り入れられることはたくさんあります。生保・損保の営業職やWebデザイナーなどは、弁護士とは比較にならないほど競争が激しい業界です。そういった業界の人たちがどのような活動をしているのかを聞くことは大いに参考になります。もちろん弁護士には業界固有のルールがあるため抵触しないよう修正する必要はありますが。異業種交流会というのは、こういった他の業界の人達の手法を学ぶ場でもあります。

おく必要があります。開業から間もない弁護士に求められるのは全人格的営業姿勢です。できるだけ行きつけの店は増やしておいた方が良いでしょう。

無料法律相談会の開催

地域住民に事務所や弁護士の存在を知ってもらう手段として、折込広告などのチラシを活用するということが考えられます。開業を宣伝することも大切ですが、それだけだと相談予約という具体的な行動に結び付きにくいです。他の業界では新規開店の際、様々なキャンペーンを行い見込顧客の行動を促しています。これは我々の業界でも活用可能です。すなわち、開業記念の無料法律相談会を行うのです。

(1) 無料法律相談会の実施方法

無料法律相談会には、事務所で行う方法と自治体の集会所などを借りて行う方法があります。場所を借りるとなると費用がかかりますが、公共スペースであれば、行ったことのない法律事務所に出向くよりも相談希望者の心理的なハードルは下がります。弁護士自身が地域に居住していれば、自治体の集会所や市民センターは格安で借りることができますので、まずは確認してみましょう。

無料法律相談会を行う時間帯は、サラリーマンも来やすい時間帯で行うのが適切なので、平日の夕方以降か土日の日中ということになるでしょう。ただし、土日の場合は、三連休に開催日を設定すると行楽の予定が優先され予約が入らないという事態になりかねませんので注意しましょう。

事前予約を不要とする法律相談会もありますが、飛び込み相談者が重なると思わぬクレームに発展することもあるので、事前予約制にしておいた方が無難です。1組30分という相談時間の設定を行うことが多いと思いますが、相談と相談の間にインターバルを設けた方が良いでしょう。相談者同士が顔を合わせるのを防ぐためです。

(2) 無料法律相談会の告知方法

　次に、相談会の告知をどのように行うかが問題となります。フリーペーパーや自治体の広報の広告欄を用いるという手段もありますが、これらは広告掲載までに時間がかかります。相当先の予定を見越して計画を立てなければならなくなるため機動性に欠けます。まずはチラシやポスターを作成し、配布・掲示するというのが簡便でしょう。

ア　折込広告

　チラシの配布方法の代表例が新聞の折込広告です。広告代理店が地域ごとの各新聞紙の販売部数をインターネット上に公開しているので参考にしましょう。折込広告は、広告代理店に依頼する方法だけではなく、販売店に直接持ち込む方法もあります。折込料金はどちらも同じです。各新聞紙のエリア担当販売店を一軒一軒回ることになるため、後者は手間がかかりますが、メリットもあります。まず、他の折込広告の傾向をヒアリングできます。そして最大のメリットは帯チラシにしてもらうよう交渉できる余地がある点です。帯チラシとは、複数のチラシを束ねるために使われるチラシのことです。新聞を開いて最初に目に入るチラシなので最も効果が高いといわれています。どのチラシを帯チラシに選ぶかは、各販売店の裁量に委ねられています。販売店ごとに選考基準を設けているので直接問い合わせると良いでしょう。

　販売店へのチラシの持込方法については、印刷業者から直接各販売店に送付するという方法もありますが、送付先を増やすとその分送料がかかります。そこで、一旦事務所にまとめて送付してもらい各販売店に持ち込むという方法もあります。この方法は、重いチラシを持ち込むという重労働を伴いますが、販売店と接触機会が増え、その分仲良くなれるので一考の余地があるでしょう。

　配布曜日をどうするかは難しいところです。金曜日や土曜日は、折込広告が集中するため目立たなくなるというデメリットがありますが、一方、月曜日や木曜日などは、そもそも興味を持ってもらえずチラシの束ごと捨てられてしまう可能性があります。火曜日はスーパーのチラシが多く入るため主婦・主夫層を狙う場合は狙い目だとされています。また、帯チラシの競争倍

率も金曜日や土曜日の方が高くなります。折込広告は、複数回行うのが良いとされているので、できれば曜日を分けて2回出稿できると良いでしょう。

　どの新聞紙に折り込むかという問題もあります。新聞社ごとに客層が異なるからです。もっとも、一般的な法律相談会であれば、客層の違いを意識する必要はあまりないでしょう。

イ　地域での配布・掲示

　地域活動によって交友範囲が広がれば、スーパー、喫茶店、美容院などにチラシを置いてもらえるようになるでしょう。店舗の窓にポスターを貼ってもらえる可能性もあります。

　町内会の掲示板も効果的です。弁護士が少ない地方の場合、行政と連携できれば、庁舎にチラシを置いてもらうということも考えられます。

　また、有料になってしまいますが、郵便局にもチラシを置くことができます。郵便局には、チラシのみならず、ポスターを貼ることもできます。小さな郵便局であれば2週間当たりそれぞれ数千円程度です。日本郵便株式会社の子会社であるJPコミュニケーションズ株式会社が代理店になっていますが、各郵便局に直接申し込むことも可能です。直接申し込んだ方が、郵便局員も親身になってくれるため、直接申し込んだ方が良いでしょう。何より、郵便局員も地域住民ですから、接触機会は多い方が良いといえます。

ウ　インターネット上の告知

　事務所ウェブサイト、SNS上でも告知を行うことが考えられます。事務所ウェブサイトの場合、トップページに情報更新欄を設けておけば告知も容易です。ウェブサイト上に改めて相談会の詳細を書き込まずとも、告知チラシのPDF版をアップロードすれば足ります。

(3)　チラシ・ポスター作り

　次に相談会の告知チラシ作りについてです。チラシを作る際には、チラシのコンテンツ以外にも以下の項目を決定しなければなりません。

- ☐ 紙の種類
- ☐ 紙の重さ
- ☐ 紙のサイズ
- ☐ 部数
- ☐ 白黒・カラー
- ☐ 片面・両面

　紙の種類は、上質紙、光沢紙(コート紙)、マット紙が良く見かけるものです。上質紙は、一般のコピー用紙、光沢紙は表面がツルツルでカラー印刷が映える用紙、マット紙は光沢紙よりも落ち着いた光沢感で名刺に良く利用されている用紙というイメージです。チラシに利用されるのは、写真映えし、価格も安い光沢紙が多いようです。

　紙の重さは、印刷業界ではkgで表されます。このkgという紙の単位は、原紙1000枚分の重さが何kgになるかを意味しています。光沢紙の場合、一般のコピー用紙と同程度の厚さに相当するのが約90kgといわれています。大量に印刷するスーパーの折込チラシは通常これよりも軽いものが用いられています。インターネット印刷を用いる場合は、90kgが最も安価な設定になっていることが多いのでこの重さを選んでおけば良いでしょう。ただし、中には折込チラシ用に特別価格を設定している業者もあるため、要確認です。

　紙のサイズは、スーパーなどの折込チラシの多くがB4又はB3二つ折りサイズで作成されています。帯チラシはB4サイズと決めている販売店も多いです。もっとも、インターネット印刷だとA4サイズが最も安価な設定になっています。販売店との交渉で帯チラシにしてもらえるということであれば多少費用がかかってもB4サイズにする方が効果的ですが、それ以外であればA4サイズでも問題ないでしょう。

　部数は、もちろんできるだけ多くというのが理想です。公表されている新聞の販売部数が実態に合ったものなのかは不明であるため、各販売店の販売部数の70～80％に留めるという方法もありますが、帯チラシとして使っ

てもらうためには販売部数の100％申込みが前提という場合もあります。

　白黒・カラー、片面・両面については、効果・情報量の点から考えてカラー両面が理想です。

　次に具体的なチラシの中身についてです。前章で述べたとおり、近時はIllustratorだけではなく、WordやPowerPointで作成したデータを印刷してくれるインターネット印刷業者が増えています。

　無料法律相談会のチラシの基本構成要素は以下のとおりです。

①　メインタイトル（キャッチコピー）
②　サブタイトル
③　写真・イラスト
④　説明文
⑤　開催日時、場所、予約方法
⑥　地　図
⑦　相談例
⑧　弁護士情報・写真
⑨　事務所情報

①　メインタイトル（キャッチコピー）

　チラシをすぐにごみ箱に投函されないようにするためには、まずはキャッチコピーで注意を引く必要があります。といっても、無料法律相談会の場合は、「弁護士による無料法律相談会」でも問題ないでしょう。ここで大切なのは、文字の大きさです。目に留まるように極力大きなサイズを選びましょう。

②　サブタイトル

　キャッチコピーを補足する部分です。無料法律相談会だと「くらしのお悩み、弁護士に相談してみませんか」「あなたのギモンに弁護士がお答えします」といったものです。サブタイトルの位置は、メインタイトルの近くが一般的ですが、間に③の写真・イラストを挟むという方法もあります。文字のサイズはメインタイトルよりも一回り以上小さくします。

③　写真・イラスト

　メインタイトルの文字サイズを大きくすると、空白が生じます。そこに文字を詰め込んでしまうと、メインタイトルが目立たなくなってしまいます。写真やイラストをメインタイトルの近くに配置してメインタイトルを目立たせましょう。写真やイラストはキャッチコピーとマッチしたものが良いです。無料法律相談会だと、家族が微笑んでいる又は頭を抱えているもの、樹木と青空の写真、ひまわりと青空の写真が良く用いられます。写真やイラストの素材は、商用フリーのものがインターネット上に豊富にアップロードされています。

④　説明文

　相談会の説明を行う部分です。参加するメリットや相談会の特徴を記載することになります。セミナーを開催する場合はここが重要ですが、無料法律相談会の場合は取扱い分野など最低限の情報でも問題ありません。

⑤　開催日時、場所、予約方法

　開催日時や場所については、説明文よりも大きな文字を使い目立たせる必要があります。メインタイトル＞開催日時など＞サブタイトル＞説明文というのが各要素の文字サイズイメージです。

　「1日〇組限定」など予約枠に限りがあることを明記すると効果的です。1組当たりの相談時間も明記しましょう。場所については、自治体の集会所などを利用する場合、建物名だけではなく階数・部屋番号も記入します。予約方法は、電話番号と受付時間を記載すれば足ります。FAXで申し込めるように申込み欄を設けているチラシもありますが、予約時間の調整でいずれにせよ申込者に連絡しなければならないので、あえて申込み欄を設けるまでもないでしょう。

⑥　地　図

　最寄りの駅などからの道順が分かる地図を作成しましょう。銀行、コンビニなど目印となる店舗や信号マークを地図中に適宜配置し、相談者が迷わないよう配慮する必要があります。Wordで作成する場合は「描画キャンバス」機能を使うと、描画キャンパス内の図をまとめて移動できるので、レイアウトを変更する際に便利です。

⑦ 相談例

「相続」「離婚」「債務整理」といった分野だけ例示すると、一般の方は自身の抱えている問題が相談しても良いレベルなのか分からない場合があります。具体例を挙げて、「こういったお悩みであればひとまずご相談ください」という気軽さを意識すると相談しやすくなります。

⑧ 弁護士情報

どういった弁護士が相談に乗るのかは、大きな関心事です。写真を掲載し、経歴を詳しく記入するのが良いでしょう。

⑨ 事務所情報

最後に、事務所情報を載せれば完成です。電話番号は、事務所情報欄でも強調しましょう。

以上の構成要素を盛り込んだチラシのレイアウト例を示します（**図表3-2**）。

実際は、どういった配色にするのか、文字の大きさのバランスをどうする

図表3-2　チラシレイアウト例

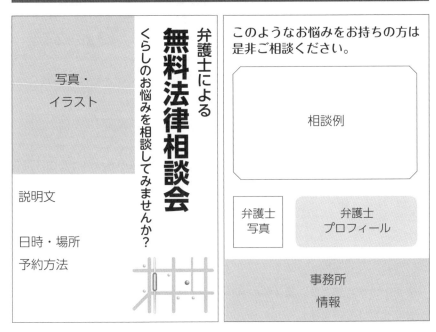

かなど細かい問題もありますが、検索エンジンで「無料法律相談」などで画像検索すれば、サンプルがたくさん表示されますので、参考にしましょう。また、前記のとおり、インターネット印刷業者が、デザインテンプレートを用意している場合がありますので、調べてみると良いでしょう。

なお、チラシを含めた広告は、業務広告規程・業務広告指針を遵守して作成する必要があります。良く見かける違反事例が弁護士会名を記載していない広告です。業務広告規程第9条第1項に広告には、氏名、所属弁護士会を表示しなければならないと定められていますので気を付けましょう。また、広告の表現については、業務広告規程上、以下のような規定があります。

第3条 弁護士等は、次に掲げる広告をすることができない。

一 事実に合致していない広告

二 誤導又は誤認のおそれのある広告

三 誇大又は過度な期待を抱かせる広告

四 困惑させ、又は過度な不安をあおる広告

五 特定の弁護士、弁護士法人、外国法事務弁護士若しくは外国法事務弁護士法人又はこれらの事務所と比較した広告

六 法令又は本会若しくは所属弁護士会の会則若しくは会規に違反する広告

七 弁護士等の品位又は信用を損なうおそれのある広告

第4条 弁護士等は、次に掲げる事項を表示した広告をすることができない。

一 訴訟の勝訴率

二 顧問先又は依頼者。ただし、顧問先又は依頼者の書面による同意がある場合を除く。

三 受任中の事件。ただし、依頼者の書面による同意がある場合及び依頼者が特定されず、かつ、依頼者の利益を損なうおそれがない場合を除く。

四 過去に取り扱い、又は関与した事件。ただし、依頼者の書面による同意がある場合及び広く一般に知られている事件又は依頼者が特定されない場合で、かつ、依頼者の利益を損なうおそれがない場合を除く。

業務広告規程第3条、第4条の具体例として、業務広告指針は以下のようなものを挙げています。

「交通事故で1億3,000万円を獲得しています。あなたも可能です。」
「割安な報酬で事件を受けます。」
「当事務所ではどんな事件でも解決してみせます。」
「たちどころに解決します。」
「今すぐ請求しないとあなたの過払金は失われます。」
「○○事務所より豊富なスタッフ」
「○○を宣伝文句にしている事務所とは異なり、当事務所は○○で優れています。」
「法の抜け道、抜け穴教えます。」
「競売を止めてみせます。」
「用心棒弁護士」
「○○地検での保釈ならお任せ下さい、元○○地検検事正」
「保釈の実績○○件、保釈なら当事務所へ」
「元特捜部検事　検察庁に対する押しが違います。」
「○○家庭裁判所の調停委員　○○家庭裁判所に顔がききます。」

　次に、相談会告知用ポスターは、用紙の表面だけしか使えないという特性がありますが、その分用紙のサイズが大きくなるので掲載する情報をチラシとそれほど変えなくても対応可能です。ただ、ポスターは内容をじっくり読み込むことを想定していませんので、説明文・相談例などはコンパクトにまとめる必要があります。使用する用紙は、チラシと同様光沢紙で問題ありませんが、厚さは一定期間掲示することを考えると110kg〜130kgと少し厚めのものを選んだ方が良いでしょう。大きさについては、掲示するスペース次第ですが、たとえば郵便局のポスター広告枠はB2サイズまで対応しています。

⑷　無料相談会実施の留意点

　無料法律相談会で重要なのは、あまり杓子定規に考えすぎないことです。多くの場合、相談時間は1組30分でしょうが、多少オーバーしても相談者の満足感を優先すべきです。そのためには、前述のとおり、相談と相談の間にインターバルを設けておくことになります。もちろん、ただ満足してもら

えば良いのではなく、次回の相談や依頼につながるよう弁護士に依頼した場合のメリットを伝えたり、解決方法の提案などは行うべきです。

また、相談内容が依頼につながるようなものでなかったとしても落胆すべきではありません。丁寧に対応し、信頼してもらえれば、他に法律問題が生じた場合に再度相談してくれる可能性が高まりますし、口コミを広げてくれる可能性もあります。

簡単な相談で時間が余ってしまった場合も、すぐに退出してもらうのではなく、「他に何かお困り事はありませんか？」と尋ねるようにしましょう。世間話をすると思わぬ相談につながるケースもあります。最後は、「また何かお困り事がありましたら遠慮なくご連絡ください」と言って締めましょう。名刺やパンフレットを渡すのを忘れてはなりません。

なお、幸いなことに無料法律相談会自体の枠が埋まり、追加の予約希望者から問い合わせがあった場合は、有料相談を紹介するのではなく、無料法律相談会とは別枠で無料で相談を受けてあげるのが良いでしょう。

4 セミナーの開催

最近は弁護士が相続セミナーなどを行うケースも増えています。セミナーには、見込顧客側の視点で考えると、個別相談会よりも参加しやすいという特性があるため様々な業界で活用されています。セミナーを自分一人で企画から運営まで行おうとするとかなりの労力を要します。この労力を省くには、第三者から講師として依頼されるのが良いのですが、依頼されること自体がそもそも簡単ではありません。

(1) セミナーの開催方法

講師として依頼される代表例は、商工会のセミナー講師ですが、都心では競争率が高く、新規開業者が割って入る余地はなかなかありません。一方、地方の場合、まだ枠が空いている可能性もあります。地域の商工会のセミナー情報を調べてみて弁護士が講師となっているものが少ない場合には、A4用紙1枚

程度でも良いので企画書を作り、セミナー担当者に提案してみる価値があります。先述のとおり、開業準備段階に頻繁に相談に行き商工会の職員と親交を深めておけば、セミナー担当者を紹介してもらうというアプローチも可能です。

その他、法人会、社会福祉協議会、地方銀行・信用金庫、不動産業者、葬儀社などセミナーを開催できそうな団体に当たってみる方法もあります。各種団体への提案においても、当然人脈があった方が検討してもらえる可能性は高くなります。たとえば、地域のボランティア活動などで法人会のメンバーと親しくなれば、幹部につないでもらうこともできます。地方銀行・信用金庫であれば、事務所の口座をそれらの金融機関で開設するというのも一つの方法です。やはり積極的に地域活動を行い人脈を広げておくことが大切です。

商工会でのセミナー講師に選ばれるためには、他のセミナーでの講師実績がポイントとなるともいわれています。そこで、他の士業などと共同でセミナーを開催して実績を作るというのも一つの方法です。他の士業などと共同でセミナーを行うと、自分にとっても有益な情報が得られることがあります。たとえば、相続について税理士や不動産業者と共同でセミナーを行うと、相続税やサブリースの実務上の注意点について勉強になります。また、共同開催であるため、会場費、広告費を分担できるというメリットもあります。

他の士業などと共同又は弁護士単独でセミナーを開催する場合、会場として自治体の集会所、市民センターなどを利用できれば会場費を安く抑えることができます。しかし、営利目的があるとして断られるケースも多いため早めに確認しておく必要があります。そうなると、貸会議室を探すことになりますが、適切な場所が見つからないこともあります。貸会議室以外では、たとえば喫茶店など店舗のスペースを借りるという方法もあります。ワンドリンク制にすれば店舗の売上にも貢献できるため積極的に受け入れている店舗もあります。店舗を借りて行う場合、店舗に告知チラシを置かせてもらえるというメリットもあります。

地域密着型法律事務所ならではのセミナーが、ご近所ミニセミナーの開催です。地域活動を活発に行えば、町内会・商店会の会合で、近所の人から相続などについての漠然とした悩みを相談されることが増えます。そういった

場合に、積極的に「じゃあ、近所の人を集めて勉強会をやりませんか」と提案してみるのです。上手くいけばその人が幹事になってくれて人集めや集会所の手配まで行ってくれます。実績も積めますし、地域との関係も強めることができます。

(2) セミナーの内容

セミナーの構成は、自己紹介、プレゼンテーション、質疑応答、アンケート記入が基本の流れになると思います。たとえば、以下のような構成例が考えられます。

```
単独セミナーの構成例（14時開始を想定）
  13:00  会場到着、準備・リハーサル
  13:30  受付開始
  14:00  セミナー開始、自己紹介・アイスブレイク
  14:05  プレゼンテーション本編開始
  15:05  質疑応答
  15:25  アンケート記入
  15:30  セミナー終了、個別対応、後片付け
  16:00  撤収完了
```

1時間以上のプレゼンテーションは、参加者の集中力が途切れてしまうので、1時間以内に抑えるか、途中休憩を挟むようにした方が良いです。いきなり本題に入るのではなく、自己紹介と共に世間話をして参加者及び自分の緊張を解き解しましょう（アイスブレイク）。アイスブレイクといっても「笑いを取らねば」と気負う必要はなく、天候、季節、ニュースについて触れる程度で問題ありません。

プレゼンテーションで使う各スライドに情報を詰め込みすぎると流れが悪くなりますし、参加者が資料に目を奪われてプレゼンターの方を見てくれなくなりますので、1スライド1情報程度を意識すると良いです。また、参加者に実際に手を動かしてもらうと満足度が高まる傾向がありますので、資料の一部を穴埋め式にするといった工夫が考えられます。似たような観点

から、参加者に質問を投げかけて挙手してもらうのも良いでしょう。ただし、誰も手を挙げないと場が白けてしまいます。そこで、最初の質問は、多くの参加者にあてはまるようなものを選ぶと良いでしょう。また、サンプルを回覧してもらうというのも効果的です。たとえば、遺言セミナーで公正証書遺言のサンプル（当然本物でありません）を用意しておき、回覧してもらうといったやり方です。

セミナーの終了時間が予定時間を超えてしまうと参加者の後の予定を圧迫することになるので、プレゼンテーションは時間厳守が鉄則です。事前に時間を計って予行演習を行いましょう。また、慣れないうちは緊張するので、友人・知人の前で予行演習を行うのも効果的です。その際、改善点などを指摘してもらえればより良いプレゼンテーションとなります。そういう意味では、弁護士に聞いてもらうよりも、法律に詳しくない人に聞いてもらった方が、一般の人に分かりにくくないかという点を検証できます。また、予行演習を行っている様子を動画で撮影しておけば、自分で話し方や姿勢を修正することができます。特に、意識せずに「えー」「えっと」などを多用している人は多く、聞き手からすると耳触りの良いものではありませんから、少しずつでも減らしていけると良いでしょう。

予行演習を十分に行っても、当日思わぬ事態が生じることがあります。時間が足らなくなった場合に削るスライド、時間が余ってしまった場合に追加するスライドを予め決めておきましょう。

配布資料については、コスト削減のため、1枚の紙に複数のスライドを割付印刷して配布することが多くなると思いますが、その際、6分割にすると、文字が小さくなり過ぎて読みにくくなることがあるため要注意です。プリンターの設定で余白を少なくし、スライドの表示を大きくするなど工夫の余地があります。資料の最後に事務所の連絡先を記載するのを忘れないようにしましょう。

(3) その他注意点

セミナーを貸会議室などで行う場合、会場にプロジェクターがあるかは事前に確認すべき事項です。プロジェクターがない場合は、ホワイトボードで

対応するという手段もありますが、それさえない場合は、模造紙を活用する、セミナー中の参加者に対する質問の投げかけを多めにするなど参加者を飽きさせない工夫が必要です。プロジェクターがあっても、ケーブルの長さが足りないことが間々ありますので延長ケーブルも念のため持参しましょう。また、Wi-Fiなどインターネット接続が可能かは事前に確認しておきましょう。

セミナーを行っている写真を撮影しておくと次のセミナーのチラシなどに活用できます。共同開催者や知人に会場の後ろから撮影してもらい、参加者の顔が写らないように配慮すれば活用可能な場面が広がります。

セミナー当日は、開催時間よりも早めに参加者が来ることもありますし、席の配置替えなどの準備もあります。また、空調が効くまでに時間がかかる場合もありますので、開始時間の1時間以上前に会場に入って待機するように心がけましょう。簡単にリハーサルも行えると良いです。会場となる施設が大きい場合は案内表示を行わないと迷う参加者も出てくるので白紙の紙とマジックペン、セロハンテープを持参すると良いです。

セミナーの最後にはアンケートを取るべきです。感想、今後扱ってほしい分野などを書いてもらい、次回以降に活かしましょう。

セミナーが終わった後、個別案件について相談したいという参加者が現れることがあります。セミナー会場での個別相談時間を予め設けておくという方法もありますが、プライバシーの問題や複数の希望者が出た場合に待ち時間が発生するという問題もあります。せっかくですから無料相談クーポンを発行し、事務所での法律相談につなげるのが良いでしょう。「後日ご連絡ください」といった対応だと、相談したいという意識が薄れる可能性があるので、その場でスケジュール調整を行い予約日時を確定させた方が良いです。

セミナーの告知方法については、無料法律相談会とほぼ同じです。チラシなどのメインタイトルも「無料相続・遺言セミナー」「遺言のすゝめ」「完全保存版！失敗しない遺言の書き方」「これで安心！債権法改正とこれからの不動産賃貸実務」「家賃滞納対策セミナー」といったものでも問題ないでしょう。サブタイトルは、「弁護士が優しく解説します」「揉めないための秘訣をお教えします」「家族のために今からできること、たくさんあります」「争続対策

のポイント」などです。無料法律相談会のチラシとの一番の違いは、セミナーの説明文をきちんと記載する必要がある点です。セミナーの場合、相談会よりも見込顧客の問題意識が漠然としている可能性があるので、なぜそのセミナーに参加した方が良いのかを具体的に説明し、見込顧客の行動を促す必要があります。チラシにはセミナーのタイムスケジュールを掲載した方が良いです。また無料セミナーの場合は、無料であることを大きく記載しましょう。

最後に、セミナーを開催するうえで大切なのが最初から大人数を集めようと思わないことです。5人も集まってくれたら御の字と考えるべきです。ただ、参加者が1～2人の場合は、参加者も安心してセミナーに集中できなくなる可能性があります。そういった場合に備え、できれば友人・知人にお願いして客席側に座っておいてもらいましょう。

著者の実体験⑨　ポスティング

各種イベントを開催する際、告知方法として新聞折込広告と並んで良く挙がるのがポスティングです。有用な手段として本文中で解説したいところなのですが、ポスティングについては業務広告規程と業務広告方針という大きな壁が立ちふさがります。

> **業務広告指針第3　20(1)**
>
> 　ダイレクトメール、新聞折込み広告、戸別の投げ込み広告等を利用する場合においては、国民に対し、奇異な感情又は不快感を抱かせないよう格別に配慮するものとし、「広告お断り」とあるのに、その表示を無視して戸別の投げ込み広告を行うようなことは、プライバシー侵害とはいえない場合であっても、弁護士等の品位又は信用を損なうおそれがあるものとして、規程第3条第7号に違反するものとする。

通常、ポスティングは業者に依頼して行うことになりますが、業者が「広告お断り」の住居にポスティングしてしまった場合、上記指針に抵触することになります。仮に業者に対して、「広告お断り」の住居にポスティングしないよう誓約させていたとしても、実際にポスティングを行うのはアルバイト従業員である場合が大半です。誓約内容を完全なものにすることは不可能と

言っても過言ではありません。指針で使用されている「ものとする」という表現については、「規程の解釈及び運用の基準を示すものである。ただし、形式的な違反を問うことなく、常に具体的事例に応じた実質的な規程の解釈を旨としなければならない」（業務広告指針第1　2⑵）と規定されていますが、上記のように誓約書を提出させていた場合にその事情が考慮されるかは不明です。

　そうなると、ポスティングはあきらめざるを得ない選択肢なのかということになります。しかし、著者は前職の議員秘書時代、何度も政策チラシをポスティングしており、ポスティングの反響率が決して悪くないことを身に染みて理解しています。効果的な手段と分かっていながら活用することができないのは残念でなりません。

　実は、上記の問題をクリアする極めて明快な方法があります。自分でポスティングを行うのです。弁護士がそこまでするのか、プライドはないのかという議論もあるでしょうが、独立開業直後は依頼もまだ来ておらず時間だけはたっぷりとありましたので、著者は自分でポスティングすることにしました。

　ポスティングを行う際、難しいのが一度投函した住居にうっかりもう一度投函してしまわないかです。碁盤目状の計画都市であればそのようなことはないのですが、入り組んだ場所だとどこに投函したか分からなくなってしまいます。全戸配布がノルマの業者の場合、ゼンリンの住宅地図をコピーし、配布済みの住居をチェックしていくというやり方がありますが、自分の事務所のチラシを撒くわけですから、全戸配布しなければ契約違反ということにはなりません。そこで、GPSログアプリなどの自分が歩いた場所が地図上に表示されるアプリを使えばポスティングの重複は避けられます。

　著者の事務所では、無料法律相談会の告知を新聞折込広告で行った場合とポスティングで行った場合の反響率を検証していますが、ポスティングの方が反響率は高いです。また、自分で配っているので、ポスティングの方は当然印刷代以外費用がかかりません。

　なお、広告お断りの住居に投函しないことはもちろん、トラブルを避けるため、マンションなど集合住宅には立ち入っていません。

5 ダイレクトメール

　ダイレクトメールは、特定の相手に対してサービスを通知し、反響を待つものです。送付対象を送付主側で選ぶことができ、内容も送付対象に適したものを作成することができるため多くの企業で用いられています。法律事務所にも、不動産業者、調査会社などから日々ダイレクトメールが送られてきます。

(1) 法律事務所に適したダイレクトメール

　ダイレクトメールには、媒体別に郵送、メール、Faxの三種類があります。ダイレクトメールについては、業務広告規程・業務広告指針に以下のような規定があります。

業務広告規程第5条第2項
　弁護士等は、面識のない者に対し、その者の承諾を得ないで、電子メールによる広告をしてはならない。

同第1項
　弁護士等は、面識のない者（現在及び過去の依頼者、友人、親族並びにこれらに準じる者以外の者をいう。以下同じ。）に対し、訪問又は電話による広告をしてはならない。（以下略）

業務広告規程第10条
　弁護士等が、郵便又はこれに準ずる方法により、面識のない者に対し直接配布する広告物については、封筒の外側又は広告物の表側若しくは最初の部分に、広告であることを表示しなければならない。

業務広告指針第3　20(1)
　ダイレクトメール、新聞折込み広告、戸別の投げ込み広告等を利用する場合においては、国民に対し、奇異な感情又は不快感を抱かせないよう格別に配慮するものとし、「広告お断り」とあるのに、その表示を無視して戸別の投げ込みを広告を行うようなことは、プライバシー侵害とはいえない場合であっ

ても、弁護士等の品位又は信用を損なうおそれがあるものとして、規程第3条第7号に違反するものとする。

業務広告指針第3　20(2)
　面識のない者に対してダイレクトメールを送る場合には、これを受け取る者が不安を抱かないように、その住所及び氏名等の情報源を明示する等の配慮をすることが望ましい。

業務広告指針第3　20(3)
　多重債務者のリストその他の名簿等ダイレクトメールを発送するための宛先の情報源が偽りその他不正の手段により入手したものであるときは、弁護士等の品位又は信用を損なうおそれがあるものとして、規程第3条第7号に違反するものとする。

業務広告規程第3条第7号
　弁護士等の品位又は信用を損なうおそれのある広告

　業務広告規程第5条第2項の存在により、メールによるダイレクトメールは現実的ではありません。また、Fax番号を広く開示しているような弁護士業界であれば別論、ターゲットのFax番号を収集することは容易ではありません。一方、郵送であれば、電話帳という公開の情報源があります。以上から、送付先をピックアップしやすい郵送でのダイレクトメールについて取り上げます。ダイレクトメールは既存顧客に送付することもできますが、新規開拓用ダイレクトメールを改変すれば足りるため、ここでは新規開拓用のダイレクトメールについて扱います。なお、ダイレクトメールの送付先はターゲットを特定しやすい法人・個人事業主を想定しています。

⑵　ダイレクトメールの送り方

　ダイレクトメールの送付方法には、長形3号封筒に広告を封入して送る、A4ハガキで送る、A4ビニール封筒で送るなど複数の方法があります。A4ハガキには、封入の手間が省ける、開封することなく広告内容を確認できるといったメリットがあります。ビニール封筒に封入するダイレクトメールに

は、A4ハガキ同様開封することなく広告内容を確認できることに加え、雨にも強い、というメリットがあります。ただし、ビニール封筒という特性上、内容物が薄いと折れ曲がる可能性があります。法律事務所のダイレクトメールは、A4カラー両面印刷1枚程度で良いと考えますが、このビニール封筒の問題をクリアするためには、少し厚手の用紙を使う必要あります。たとえば、普通のハガキは厚さが180kg程度といわれていますが、最低でも135kg程度はあった方が良いでしょう。また、発送代行サービスもありますが、地域密着型法律事務所の場合、商圏を絞っているのでダイレクトメールの送付先は多くとも数百程度ですから、手間はかかりますが、自分で送れば良いでしょう。

(3) ダイレクトメールの送付先

　次にどのようなダイレクトメールを誰に送付するかですが、ターゲットを明確にする必要があります。たとえば、商圏内の中小企業を対象に、「顧問弁護士を活用してみませんか」というダイレクトメールを送っても抽象的過ぎて訴求力は弱いでしょう。相手に「刺さる」内容にする必要があります。そのためには、ターゲットやサービスを具体化する必要があります。具体化の際のポイントは、ターゲットがどのような問題を抱えているかを想像することです。そして、その問題は弁護士に相談・依頼することで解決し得るという点を強調した内容にしていきます。

　たとえば、診療所、歯科クリニックなどの医療機関を対象にしたダイレクトメールを考えてみましょう。医療機関は、よほどの過疎地でない限りどこの地域にも点在しているため、商圏を絞っていても一定の送付先を確保できます。医療機関が抱え得る法律問題はいくつかありますが、たとえば治療に対するクレーム対応が挙げられます。モンスタークレーマーという言葉が登場したことからも分かるとおり、最近はクレーマーに悩まされている医療機関も増えてきています。そこで、医療機関を対象に、「貴院のクレーム対策、万全ですか？　予防と事後対応体制の整備、弁護士にご相談ください」といったタイトルでダイレクトメールを送付することが考えられます（**図表3-3**）。

図表3-3　ダイレクトメールの内容検討

ターゲット：商圏内の医療機関
悩み（法的課題）：クレーマー対応
対応策：対応体制の整備
サービス：対応マニュアル作成、交渉代理

ダイレクトメールの内容
　　　貴院のクレーム対策、万全ですか？
　　　予防と事後対応体制、弁護士にご相談ください。

(4) 訪問時の注意

　もう一つ、大切なことがあります。出張説明歓迎の姿勢を示すことです。端的にいえばダイレクトメール上で「まずはお問い合わせください。弁護士が直接貴院にてご説明いたします」と強調します。商圏を絞っているのですから、相手を訪問するのはそれほど負担ではないはずです。一方、相手の身になって考えると、自分が行くのは面倒だが、わざわざ弁護士が来てくれるというのなら話を聞いてみるかという気になってくれるかもしれません。

　訪問する機会を得た場合は、事前に相手の情報をできるだけ調べておくべきです。ウェブサイトがあれば最低限その情報は確認しましょう。これは訪問を受ける側の気持ちになれば分かりやすいでしょう。我々がインターネット広告業者の訪問営業を受ける際、「先生の事務所はウェブサイトはお持ちですか」などと言われたら、そのくらいは調べて訪問すべきだと感じるのではないでしょうか。そのような発言があるとその時点で話を聞く気が失せてしまいます。たとえば、訪問先の情報の中に出身地、出身校など自分と共通事項があれば、話題は広がります。訪問先に著書がありそのことに興味を示せば嫌な顔をする相手はそういないでしょう。訪問先に同業とは異なるウリがあった場合には、その点を質問すれば喜んで話してくれるはずです。

　なお、ダイレクトメールの受領者から問い合わせがあり説明のために訪問する場合、相談料は取るべきではないと考えます。なぜなら、この訪問の目

的は、あくまで弁護士側のサービス説明だからです。前記のとおり、頼み込み営業は、相手との間に上下関係ができるためお勧めしません。しかし、ダイレクトメールを使った営業の場合、問い合わせ段階では、相手はあくまで弁護士の提供するサービスに興味を示した段階にすぎません。サービスの説明を受ける中で軽く質問したら相談料を取られたというのでは、相手もたまりません。ただし、サービスの料金表は作成して持参すべきです。たとえば**図表3-4**のようなものです。

図表3-4　料金表例

医療機関様向けサポートパック

完全サポートプラン　　　　　　月額○万円
- 無料相談月5時間（医療問題以外も可能です）
- 貴院向けクレーマー対応マニュアル作成
- クレーマー対応体制整備アドバイス
- 定期院内研修
- クレーマー交渉代理
- 訴訟時の弁護士報酬値引き

標準サポートプラン　　　　　　月額○万円
- 無料相談月3時間（医療問題以外も可能です）
- 貴院向けクレーマー対応マニュアル作成
- 院内マニュアル説明（1回）
- クレーマー交渉代理

ライトサポートプラン　　　　　　○万円
- 無料相談月1時間
- 標準クレーマー対応マニュアル配布
- 院内マニュアル説明（1回）

選択肢があった方が相手も選びやすいのでプランを複数用意しましょう。複数の選択肢があった場合、一般的に中くらいのものが選ばれやすいとされています。

(5) ダイレクトメールの構成

ダイレクトメールの構成は、セミナーの告知チラシと似たものとなりますが、より突っ込んだ内容になります。

---
① メインタイトル（キャッチコピー）・サブタイトル
② 写真・イラスト
③ 課題の抽出
④ 解決策
⑤ 提供サービス
⑥ 特　典
⑦ 弁護士情報・写真
⑧ 事務所情報・問い合わせ

---

① メインタイトル（キャッチコピー）・サブタイトル

チラシ同様一番目立つ位置に配置するのがメインタイトルです。相手に「刺さる」言葉を選びましょう。ターゲットの悩みを指摘するという視点で考えるのが大切です。先ほどの医療機関の例だと「貴院のクレーム対策、万全ですか？　予防と事後対応体制、弁護士にご相談ください」がこれに当たります。

② 写真・イラスト

キャッチコピーと一緒に写真・イラストを載せます。医療機関の例だと医師が頭を抱えている写真などがあれば良いでしょう。

③ 課題の抽出

ここでは、ターゲットが抱えている課題について具体例を挙げながら記載します。「このような不安はありませんか？」などの項目を作ったうえで、具体例を挙げていきます。

④　解決策

　課題に対して、弁護士に依頼するとどう解決するのかを記載します。たとえばクレーム対応であれば、事前のマニュアル作成や事後的なフォロー体制について記載し、弁護士に依頼するメリットを挙げましょう。ここでのポイントは予防法務的な内容を入れておくことです。問題が起こった後の事後対応だけだと直近の契約に結び付きません。クレーム対応の場合、実際に事前の体制整備が紛争の激化を防ぐので体制整備の重要性について強調しましょう。

⑤　提供サービス

　④で挙げた解決策をどう提供するのか記載する項目です。先ほど例として挙げた料金表などがこれに該当します。

⑥　特　典

　ダイレクトメールの内容に興味を持っても、問い合わせという具体的な行動にはハードルがあります。相手の背中を押す特典を付けましょう。キャンペーン価格の設定や先ほど挙げた無料出張相談がこれに当たります。

⑦　弁護士紹介

　その分野で豊富な経験があれば実績を記載できますが、若手弁護士の場合は容易ではありません。地域に根差していること、親身な対応をとることを押しましょう。

⑧　事務所情報・問い合わせ先

　事務所の情報を掲載すると共に最後に連絡先を大きく載せましょう。

　以上が構成例ですが、ポイントは、書きすぎないことです。弁護士は職業柄どうしても説明文が長くなる傾向にあります。しかし、ダイレクトメールでは文字数が限られています。良くある失敗は、文字をたくさん詰め込もうとして文字サイズを小さくしてしまうパターンです。これでは相手は読む気が失せてしまいます。

　ダイレクトメールの作り方の具体例は、たとえば日本郵便株式会社のDMファクトリー（ダイレクトメールなどを、テンプレートから選んでデザイン・印刷・差出しするサービスを提供するウェブサイト）の「"顧客を動かす"DM

づくり　実践ガイド」などが良くまとまっています。

タウンページ広告

　弁護士が行ってきた伝統的な広告がタウンページへの出稿です。インターネットの普及によりタウンページ広告の効果は低下したという見方もあります。しかし、未だに高齢者層を中心にタウンページで弁護士を探す人は一定数います。

　総務省の平成28年版情報通信白書によると、2015年末における個人の年齢階層別インターネット利用率は、13歳〜59歳の各階層で9割を超えています。一方、60〜64歳は81.6％、65〜69歳で71.4％、70歳〜79歳で53.5％、80歳以上で20.2％となっています。個人消費を牽引している団塊の世代の実に約3割がインターネットを利用していないのです。インターネットを利用していない人が弁護士を探す際、友人・知人の紹介のツテがなければタウンページを開くというのは自然な流れでしょう。したがって、インターネットを活用していない比較的高齢者層、というのがタウンページ広告のターゲットとなります。たとえば、相続・遺言は高齢者層が抱える法律問題の代表例です。相続・遺言に絞った広告を出すというのも一つの手です。

　また、タウンページ広告を再評価するための好材料も出てきています。NTTは2016年、タウンページの復権を狙い、契約者かを問わず全戸配布の方針を決定し、順次体制を整えています。タウンページの発行部数のピークは1億3600万部。2015年には約6500万部に半減していますので、全戸配布により大幅な発行部数増が望めます。

　タウンページ広告は、エリアごとに申し込むことになります。注意が必要なのが、申込み締切りです。タウンページは年一回発行ですが、エリアによって発行時期が異なり、申込み締切りもエリアごとに異なります。申込みのタイミングを逸してしまうと、1年間広告を出せないということになります。開業地域を決めたらできるだけ早く申込み締切り時期を確認しましょう。

　タウンページ広告の形式は、1ページ丸々使うようなディスプレイ広告か

ら、数行の宣伝文句を掲載するインコラム広告まで様々な種類があります。料金は、発行部数、広告の大きさ、カラーか否かなどによって変わってきますが、たとえば、都内でも数行程度のインコラム広告であれば、1エリア月額数千円程度という料金で出稿可能です。

どの程度の大きさの広告を出すかは、予算の制約もありますが、他の事務所の出稿状況を見ながら検討するのが合理的です。商圏から距離のある事務所ばかりがディスプレイ広告を出しているということであれば、同じサイズの広告を出す必要はありません。せいぜい16分の1ページ分のディスプレイ広告程度で足ります。ポイントは、競合し得る事務所よりも目立つ広告を出すということです。開業地域選定段階で、商圏分析・競合分析を適切に行っていれば、インコラム広告でも十分成果が上がります。なお、インコラム広告の場合、掲載できる情報量は、事務所名、住所、電話番号を除けば数十文字程度ですので、弁護士名、所属弁護士会、最寄駅からの所要時間、取扱い分野程度しか掲載できません。

著者の実体験⑩

タウンページ広告

著書の事務所があるエリアのタウンページにも複数の法律事務所がディスプレイ広告を出しています。しかし、いずれも著者の事務所の最寄駅から5駅以上離れた場所にある事務所です。一方、インコラム広告の方は、最寄駅から数駅しか離れていない事務所も出稿しています。それらはモノクロ広告ですので、それらより少し目立つよう、一部を赤文字にする広告にしています。事務所名、住所、電話番号を除けば5行（一行13文字）ほどの広告枠ですが、月額7000円です。紹介に拠らない新規相談者の2〜3割程度がタウンページ経由です。タウンページを見て問い合わせてきた相談者はいずれも60歳以上の方でした。

行政広告

歳入増加策の一環で、自治体が広告を募集するケースが増えてきました。住民票や戸籍を取得した際に使う証明書発行窓口の備え付け封筒、窓口に設置されたモニター、広報誌、回覧板、ウェブサイトのバナー広告などです。事務所の存在をアピールできるのみならず、自治体の広告に掲載されているということで信用力・ブランド力の向上にも役立ちます。

中でも広報誌は自治体内の全世帯に配布されるという特徴を持っています。地域情報が満載ですので、高齢者層の中には熟読している人も多いです。ただし、自治体によっては個人名の掲載を不可にしているところもあり、その場合は業務広告規程をクリアできません。また、広告データの提出がAdobe Illustrator（aiファイル）に限られていることが多く、Illustratorを扱える場合でないと広告制作料金が別途必要となります。

タウン情報誌

開業地域のタウン情報誌に広告を出すという方法もあります。タウン情報誌は、地域に特化した情報誌であるため、地域密着型の事業では広告効果が大きいといわれています。開業地域に有力な情報誌がある場合は、広告掲載を検討してみるもの良いでしょう。ただ、タウン情報誌は、本書で扱っている他の広告に比べて費用がかかるものが多いため、出稿は慎重に検討すべきです。

有力か否かの判断は、発行部数はもちろん、実際に地域住民に読まれているかがポイントです。地域活動の中で地域住民にヒアリング調査を行ってみると良いでしょう。

タウン情報誌の広告には、普通の広告形式以外に記事広告といわれるものもあります。記事広告とは、雑誌などに記事類似の広告を掲載するものです。タイアップ広告とも呼ばれています。記事のような体裁をしていることから、

読者が飛ばさずに読んでくれる可能性がある、第三者視点で書かれているように見えるため信用してもらえるとして普及しています。記事広告は、紙媒体のみならず、インターネット媒体でも活用されていて、中小企業の社長のインタビューが大量に掲載されているウェブサイトは、記事広告サイトの可能性があります。

なお、タウン情報誌の場合も広告データの提出がIllustrator（aiファイル）に限られていることが多く、Illustratorを扱える場合でないと広告制作料金が別途必要となります。

9　異業種交流会

これまで、地域での営業・広告宣伝について取り上げてきましたが、地域密着型の法律事務所とはいえ地域外で活動してはならないというわけではありません。ここでは、地域内のみならず地域外での営業の場になり得る異業種交流会について扱っていきます。

若手弁護士の新規顧客獲得手段として良く挙げられるのが異業種交流会です。もっとも、異業種交流会に参加しても、名刺交換だけで終わってしまった、ネットワークビジネスの営業電話ばかりがかかってくるようになってしまったという話も良く聞きます。

(1)　異業種交流会の種類

一口に異業種交流会といっても様々なタイプのものがあります。さらに、異業種交流会の参加が、新規開拓のためというのであれば、必ずしも異業種交流会と名付けられているものだけに絞る必要はありません。マチ弁の場合、依頼者の属性を限定する必要はなく、異業種の人と交流すること自体が案件の開拓につながり得るからです。異業種交流会の定義を、「異業種の人と交流する機会」に拡げると、その対象は大幅に拡がります。分類すると**図表3-5**のようなタイプに分かれます。

図表3-5　異業種交流会のタイプ

伝統的タイプ	地元の名士や経営者が加入する伝統的な異業種交流会 　例：ライオンズクラブ、ロータリークラブ、青年会議所など
交流目的タイプ	名刺交換や仕事の紹介を目的とした交流会 　例：各種ビジネス交流会、経営者交流会など
士業交流タイプ	士業間連携を目的とした交流会 　例：商工会議所主催の士業交流会など
勉強会タイプ	主目的が交流ではなく勉強・スキルアップであるタイプ 　例：大学の公開講座、読書会、プレゼン勉強会など
趣味・その他タイプ	趣味、出身地、出身校など共通性に着目したタイプ 　例：ゴルフクラブ、グルメサークル、県人会、高校OB会など

　上記のように様々なタイプの異業種交流会があり、会の目的・内容も千差万別です。したがって、それらを良く吟味したうえで参加する必要があります。異業種交流会を新規開拓につなげようとする場合、以下を基準に絞り込んでいくと良いでしょう。

①　他の参加者に弁護士がいない又は少ないこと
②　継続性があること
③　適正規模であること
④　自分と共通属性を持つこと
⑤　法律問題を抱えやすい参加者が多いこと

①　他の参加者に弁護士がいない又は少ないこと（競合が不在）

　同じ異業種交流会に若手弁護士とベテラン弁護士が参加していた場合、経験に劣る若手がベテランよりも厚い信頼を勝ち得るのは至難の業です。そうであるならば、初めから弁護士が来ないような交流会に参加すれば良いのです。さらに、参加者の友人・知人に弁護士がいないような場合、彼らにとって唯一の弁護士の知り合いという地位を得ることができます。

　社会学の世界に「同類志向原理」という概念があります。いわゆる「類は友を呼ぶ」ですが、人は、交友関係において肩書き、収入、教育レベルなどが近いコミュニティを志向する傾向があるとされています。新たに交友関係

を広げようと思ったとき、意識しなければこの同類志向に囚われてしまいます。参加者に弁護士が含まれたり、参加者の友人・知人に弁護士がいるようなコミュニティを無意識に選んでしまう可能性があるのです。

したがって、「他の参加者に弁護士がいない又は少ない」異業種交流会を探す場合は、この点を意識し、あえて普段あまり知り合う機会がないようなタイプの人が参加する交流会を選ぶのも良いでしょう。

② 継続性があること

一期一会とはいうものの、1回の名刺交換で自分を印象付けるのは簡単ではありません。ましてや、弁護士間の競争が活発化した現在、各種異業種交流会で弁護士を目にすることも多くなっています。

法律問題が生じた際、誰に相談するかの判断基準として、信頼関係が重要になります。心理学の世界に「ザイオン効果」という概念があります。相手に繰り返し接触する方が、相手の好感度が高まるというものです。営業職の方々が、メールで済むようなやり取りであっても、積極的に取引先を訪れるのは、この効果を意識してのことです。この効果は、既存の取引のみならず、新規開拓においても役に立ちます。たくさんの人に名刺を配るよりも、同じ人と接触する機会を増やした方が、効果があります。

したがって、参加する交流会は継続性のあるものが望ましいといえます。

③ 適正規模であること

仮に継続性がある異業種交流会であっても数百人規模の交流会だと顔と名前を一致させるだけで一苦労です。逆に数名程度の会では効率が良くありません。30〜50人規模であれば、継続的な参加によって参加者と親しくなることができます。

④ 自分と共通属性を持つこと

先ほどの同類志向原理から得られた行動指針と若干対立してしまう可能性がありますが、全く自分と共通性がない参加者ばかりの異業種交流会だと、話題に窮する可能性があります。何らかの共通属性がある異業種交流会の方が、継続的に参加しやすいでしょう。共通属性は、趣味、出身地、思想信条、学歴などなど何でも構いません。

⑤ 法律問題を抱えやすい参加者が多いこと

法律問題を抱えた人と出会えれば、それだけ受任の可能性は高まります。しかし、どのような人が法律問題を抱えやすいかに絶対的な基準はありません。したがって、この基準は参考程度の目安と考えるべきです。とはいえ、傾向としては、サラリーマンより経営者（債権回収、労働問題など）、若者よりは高齢者（相続）の方が法律問題を抱えやすいといえるでしょう。また、他士業は、紹介元という意味で法律問題を抱えやすいといえます。

以上の基準をいくつかの異業種交流会にあてはめてみます。同じ種類の異業種交流会でも中身は様々ですから、一応の目安程度に考えてください。

図表3-6　各異業種交流会の分析

	競合が不在	継続性がある	適正規模	共通属性	法律問題
ロータリークラブ	都市部　× 地方　△	○	○	△	○
ビジネス交流会	△〜×	△〜×	○〜×	△〜×	△
士業交流会	×	△〜×	△	△	◎
プレゼン勉強会	◎	△	○〜△	×	×
創業塾	◎	○	○〜△	○	○〜△
ゴルフサークル	○	○	△〜×	◎	△〜×
県人会	○	○	△	◎	×
消防団	◎	○	△	○	×

ロータリークラブや継続性のある士業交流会は、他に弁護士が参加していなければ、比較的新規案件を獲得しやすい異業種交流会といえます。また、前章で取り上げた創業塾は、競合が少ないうえに、比較的将来法律問題を抱えやすい属性の参加者が多いためお勧めです。ゴルフサークルや県人会のような趣味や郷土の共通性を背景とするビジネスと無関係な会の場合、法律問題を抱えている人自体は少ない可能性が高いものの、競合不在であることも多く、一旦メンバーに法律問題が生じれば、受任率は高いといえるでしょう。

(2)　著者お勧めの異業種交流会

　次に、いくつか異業種交流会の例を挙げていきたいと思います。ロータリークラブや士業交流会については、既に情報過多でしょうから少しマイナーなところを挙げてみます。

　①　選挙ボランティア

　選挙事務所は、日々多くの支援者、ボランティアが出入りする場所です。そして、政治家の支援者、ボランティアの中には面倒見が良く、広い人脈を持つ人も多くいます。そこで、国会議員でも地方議員でも構わないので、地域の政治家の政策を比較して自分の考えと近い人がいれば、選挙ボランティアを行うという方法があります。一般的にイメージする異業種交流会とは全く異なりますが、先ほど定義した「異業種の人と交流する機会」にはあてはまります。選挙というのは、一種のお祭りのようなものですし、一体感が醸成されますのでボランティア同士はすぐに仲良くなります。まとまって事務仕事をすることや食事をすることもあり、世間話をする時間は長いです。選挙事務所での活動を通して他のボランティアと信頼関係を築けば、「知人の相談に乗ってほしい」と頼まれる機会も出てきます。

　また、無事に当選を果たした候補者から法律上のアドバイスを求められ、法律顧問として契約できる可能性もあります。政治家自体も地域からの相談を受けることが多いので、紹介案件も期待できます。

　なお、応援する政治家が弁護士だったり、弁護士の団体から支援を受けていたりすると、選挙事務所に弁護士が出入りする機会が多くなります。そうなると競合が存在することになり、異業種交流会としてはあまりメリットがないことになります。その場合は純粋に政治参加を楽しみましょう。

　②　政治塾

　選挙事務所のボランティアに参加することの派生形といえるのが昨今話題の政治塾です。政治塾には、政党主催のものだけではなく、政治家個人が主催しているもの、NPO法人が主催しているものなどがあります。政治塾に参加する人々は、社会意識の高い人が多く、選挙事務所のボランティア同様、独自のネットワークを持っている人もいます。ディスカッションや懇親会で

親交を深めていけば、案件の紹介を受けるという機会も出てきます。特に、政治と弁護士の相性は良く、法的見地から政策を議論すると塾生からの信用を得ることも難しくはありません（ただし、柔軟性は求められます）。

政治塾のカリキュラムが終了した後も同窓会などが開催され、交友関係は継続します。同じ塾生が立候補しようものなら、同期の塾生はこぞってボランティア活動を行うことになるでしょう。自分の考えと合った政治塾があれば参加してみると思いのほか受任につながることがあります。

③　一業種一人制の異業種交流会

先の二つの例がかなりイレギュラーだったのでオーソドックスな例を挙げましょう。一般のビジネス交流会の中には、参加できるのは一業種一人に限ると規約で定めているものがあります。ロータリークラブも元々はこの体制で始まったようです。

一業種一人ということは、その交流会に弁護士は一人しか入れないということです。この仕組みにより、他の参加者が法律問題を抱えた場合は、全て自分が相談を受けることができるという受任経路の形成が可能となります。もっとも、逆に他の参加者に仕事を紹介することも求められます。あくまで互助的なもので謝礼その他の対価が発生しているわけではないので、依頼者紹介対価の授受を禁止する弁護士職務基本規程第13条には反しないようです。この一業種一人というシステムを採用し、最近勢いを増している交流会団体は、全国に20～40人単位の小グループを100以上立ち上げています。複数の書籍を発行しているような有名な弁護士も参加者に名を連ねています。朝会の出席が必須であったり、イベントを開催したりと一定の負担があるものが多いようですが、そういった交流会を探して一度見学に行ってみるのも良いでしょう。

④　学年横断的な同窓会

保険の営業などでは当たり前のことですが、新規の顧客を得ようとする場合、自身の過去の交友関係をたどっていく方法があります。大学、高校、小中学校などが思い浮かびますが、多くの弁護士にとって、大学の同窓会組織は競合の多いコミュニティです。法学部出身者だと自分と同じように弁護士

になった同窓生が相当数いるからです。逆に、司法試験合格者の少ない大学出身者の場合は、大学の同窓会組織に積極的に顔を出すことが有益です。

　大学に競合が多い場合は、高校まで遡りましょう。高校も多い場合は小中学校まで遡ることになります。どこまで遡っても弁護士だらけという場合は他の手段を考えざるを得ません。

　ここでいう同窓会組織は、同期会だけを指しているわけではありません。若手弁護士の場合、同期だとまだ法律問題をあまり抱えない年齢層である可能性もあります。学年横断的な同窓会組織があれば積極的に参加しましょう。大学や比較的大きな高校の同窓会組織の場合、本部組織のみならず、地域ごとに支部がある可能性もあるため、調べてみましょう。

　一方、学年横断的な同窓会の場合、参加者数が100名を超えるものも多いでしょう。そうなると参加者の顔と名前を一致させるのは困難です。こういった場合、交流会を掘り下げるという視点を持つことが有用です。先ほど学年横断的な同窓会の地域支部について触れましたが、同窓意識が強固な組織の場合、総会的なものだけではなく、分科会や任意の交流会が行われていることも良くあります。規模が大きな総会へは、そういった小グループを探す目的で参加すると、さらなる交流会の発掘につながります。

⑤　県人会

　地方出身者が東京近郊、大阪近郊で開業する場合、県人会・市人会への参加は穴場です。これらの組織は、一般的に高齢化が進んでいるので若い人材は、歓迎されます。そして、あえて同郷者で集まっているわけですから仲間意識が極めて強固という特性を持っています。マンパワーが不足しつつあるため、運営にまで積極的に関わることが求められますが、その分若手はかわいがられます。こういったコミュニティに参加する人は、顔が広い傾向にあり、また、本人も比較的資力があることが多いです。同郷の若者が困っていたらひと肌脱いでやろうという気持ちにもなります。学年横断的な同窓会同様、様々な小グループが作られていることも多いですので、掘り下げていきましょう。

　比較的年齢層が高いコミュニティにおいては、手書きのお礼状や季節あいさつが効果を持ちます。事務所レターやダイレクトメールといった内容の濃

いものは必要ありません。簡単な近況報告と相手に対する労い、最後に「相続、不動産、消費者トラブルなどお悩み事がありましたら遠慮なくおっしゃってください」と一言加えておけば、何かあった際には連絡をくれることでしょう。

著者の実体験⑪　異業種交流会

　開業当初は、選り好みせず様々な異業種交流会に参加しました。名刺交換会的なものはネットワークビジネス系と保険の営業系ばかりというものもありましたが、社会勉強になりましたし、意外なことに一度名刺交換しただけの方からその後案件を受任するようなこともありました。

　異業種交流会に参加し続けるうちに、本文で述べたポイントを意識するようになり、徐々に参加する交流会を絞っていきました。最近は、出身地である山口県や宇部市関係の異業種交流会への参加が多くなっています。学年横断的な高校の同窓会や県人会などに参加しています。

　なかでも、ちょうど著者が独立開業した頃に設立された、首都圏在住の宇部市出身者が郷里の活性化に貢献することを目的としているある勉強会には、受付を担当するなど積極的に関わっています。会社経営者、国家公務員、芸術家、学生など参加者の属性はバラエティーに富んでおり、年齢も20〜50代と幅広く世代間の交流も行えます。宇部市に対して積極的に政策提言を行っており、著者自身も市長の前でプレゼンテーションを行う機会をいただきました。

　当初は仕事につながればという気持ちで参加しましたが、今では完全に交流自体が目的になっています。二次会、三次会まで行き、終電後まで飲んでいることも少なくありません。特に会社経営者の諸先輩方には、経営の相談に乗っていただくことも多く、心理的にも支えていただいています。

　独立開業すると、意識しなければ周囲との関係が薄くなり孤立することになります。地方では他の弁護士から気をかけてもらえるということもあるでしょうが、東京だと完全に埋没してしまう可能性があります。気づかないうちにストレスを抱えてしまっている場合もあり、メンタルのケアは大きな課題です。多少忙しくても、気の置けない仲間との交流会には参加した方が良いでしょう。

(3) 異業種交流会参加の留意点

　このように異業種交流会の特性は様々です。それぞれの傾向を考察しながら参加を検討しましょう。なお、先述の基準では挙げませんでしたが、最終的には参加して楽しいか、自分にとって有意義かというのが決め手になります。楽しくないものに参加しても長続きしないからです。

　また、いくつかの異業種交流会に継続的に参加するようになったら運営側に回ってみるのも一つの手です。ゲストとして参加するよりも運営側に回る方が、参加者との接点は増えます。たとえば、出欠の連絡先が自分であれば、参加希望者達は連絡する際、「弁護士の○○さんに連絡している」と意識してくれます。また、一つの異業種交流会の運営に携われば、新たに自分で異業種交流会を立ち上げることも苦にならなくなります。運営側として汗をかいていれば、いつも会のためにがんばってくれてありがたい、何か力になってあげたいと思ってくれる人も出てきます。したがって、異業種交流会では運営側に回ることをお勧めします。

　ところで、異業種交流会に参加する目的は新規案件獲得ですが、この点についてもう少し掘り下げておく必要があります。先ほどの表にも示したとおり、士業交流会などを除き、異業種交流会への参加が直ちに依頼につながるということは稀です。そうすると、異業種交流会参加の目的は、正確には、直近の案件獲得というよりも、そこで知り合った人たちが法律問題を抱えた際、又は、その人たちの友人・知人が法律問題を抱えた際、依頼してもらう、紹介してもらうことにあるということになります。将来的に依頼してもらう、友人・知人を紹介してもらうためには、相手との間に信頼関係を築くことが大切です。このように考えると、異業種交流会参加の目的は、参加者と信頼関係を築くことにあるということになります。このことを理解したうえで異業種交流会に臨みましょう。そうでないと、開業直後などは一刻も早く案件を獲得したいと思うあまり、異業種交流会の場で営業トークばかりしてしまう可能性があります。自身のことを知ってもらうことは大切ですが、売込みが過ぎると倦厭されてしまいます。

> 異業種交流会参加の目的
> 新規案件獲得
> 　　↓　具体的には？
> 将来的に依頼してもらう、友人・知人を紹介してもらう
> 　　↓　そのためには？
> 参加者と信頼関係を築く

(4) 自己紹介
ア　自己紹介事前準備の必要性

　参加者との信頼関係の構築という異業種交流会参加の目的は明確になったものの、実際に異業種交流会に参加してまず問題となるのが自己紹介です。一般的な異業種交流会では全員の前で自己紹介を行う機会が設けられているのが通常です。ここで参加者に好印象を与えることができるか、興味を持ってもらえるかでその後の交流会の中での行動しやすさが決まってきます。上手くアピールできれば向こうから名刺交換に来てくれ、話も弾みます。逆にここでの印象が悪いと、交流会の間中壁の花ということになりかねません。

　しかし、この自己紹介はなかなか難題です。特に弁護士の自己紹介は評判が悪いようで、長い、つまらない、まとまりがない、他業界には良く分からない自慢が多いなどの感想を聞きます。これは、自己紹介に限らず、他の場面でも良く聞く話です。

　たとえば、結婚式の挨拶。著者が参加した結婚式でも銀行の部長と某大手事務所のパートナーがそれぞれ新郎新婦の上司としてスピーチするという場面がありました。残念ながらスピーチ力の差は歴然でした。銀行の部長が新郎の社内でのエピソードについて笑い所を押さえつつ最後はちょっといい話風にまとめて会場を盛り上げたのに対し、某大手事務所のパートナーは、新婦の大学時代からの経歴を紹介してただ平板に褒めるだけ。同業者にとっては一応優秀さは分かるのですが、他業界の人間からすればチンプンカンプンといった状況でした。ようやくエピソードを出したかと思うと完全に内輪ネタで部外者には全く分からない話でした。あくまで著者が体験した一例にすぎませんが、異業

種の方からの諸々の情報を統合すると、やはり弁護士の話というのはつまらないと思われているようで、この点は意識した方が良いでしょう。

　異業種交流会での自己紹介は、1分以内に簡潔に行うのが望ましいといわれています。1分間に違和感なく話すことのできる文字数は300字強です。そのため、盛り込める内容は限られます。ここでまごついてしまってはせっかくの自己PRの時間を活かせません。自己紹介文を予め暗記しておき、スラスラと話せるようにしておくのが良いでしょう。ただし、異業種交流会の参加者は、会によって様々で、毎回同じ自己紹介だと参加者層の興味とマッチしない場合もあります。そこで、お勧めなのが、自己紹介の構成要素ごとに複数のパターンを用意しておき、それらを組み合わせるという方法です。これであれば、事前に準備が可能なうえ、参加者名簿などを分析しながら当日の参加者層に合った自己紹介を行うことができます。

イ　自己紹介の内容

　ところで、異業種交流会における自己紹介の目的は、参加者に興味を持ってもらうことです。興味を持ってもらえれば、その後の会話がスムーズになり、親交を深めることができます。弁護士の場合、興味を持ってもらう対象としては、業務内容と弁護士個人の二つがあります。前記のとおり、異業種交流会に参加してすぐ仕事につながるケースは稀です。弁護士の業務内容には興味関心がないという人も多いでしょう。そうすると業務内容ばかりアピールしてもなかなか興味を持ってもらえません。そこで、パーソナルデータを開示することで興味を持ってもらうというやり方があります。経験の浅い若手弁護士であっても、自分自身のことであれば個性を発揮できるはずです。以上を踏まえた自己紹介の構成は、たとえば下記のようなものになります。

---

① 　名前、事務所概要、キャッチコピー　　　10秒
② 　弁護士としての強み　25秒
③ 　弁護士個人の特徴　　15秒
④ 　締め　　　10秒

---

① 名前、事務所概要、キャッチコピー　　10秒

　第一声は「こんにちは」「はじめまして」などのあいさつから入ることが多いと思いますが、注意が必要なのが、こちらがあいさつをすると他の参加者がそれに応答する可能性があるという点です。あいさつの後に続けて名乗ろうとした瞬間、他の参加者から応答されてしまうと、自己紹介の流れが崩れたり、他の参加者の声が自分の名乗りと被ってしまい参加者に聞き取ってもらえなかったりすることがあります。タイミングが摑み辛いということであれば、いっそのことあいさつは省略し、名乗りから入りましょう。また、やってしまいがちなのが、緊張のあまり名前を早口で発声してしまうことです。場合によっては名前を言うのを忘れることさえあります。名札が用意されている交流会も多いですが、できれば自己紹介のタイミングで他の参加者に名前と顔を覚えてもらいたいところです。名前は落ち着いてゆっくりと発声しましょう。特徴的な名前であれば漢字の説明をしたり、同じ漢字の著名人の名前を出したりするのも良いです。

　この項目でもう一つ重要なのがキャッチコピーです。自身を一言で表す表現を探しましょう。「○○市唯一の弁護士として活動しています」「出張法律相談ならお任せください」などです。「相続を得意とする弁護士です」のように業務内容に関するキャッチコピーは②の弁護士としての強みとつなげることになります。名前よりも先にキャッチコピーを言う方法もありますが、こなれ過ぎている印象を与えることもあるので、他の参加者の自己紹介を聞きながらどうするか考えましょう。キャッチコピーを先に言う方法というのは、たとえば「出張法律相談であなたのギモンにお答えします。弁護士の○○○○です。」といった形です。

② 弁護士としての強み　　25秒

　自身の強みとして何を取り上げるかは、交流会の参加者層を意識して選ぶ必要があります。経営者ばかりの異業種交流会で個人の債務整理を強調したり、参加者の年齢層が低い交流会で相続を強調したりしても興味を持たれにくいでしょう。また、具体例や数字を出すと説得力が増します。「相続に力を入れています。特に遺言書については、これまで約100件作成してきま

した。将来、ご家族の争いを防ぎたい方は、是非お声掛けください」といったパターンです。

　この項目で本来重要なのは、参加者に自分と親しくなるとメリットがあると感じてもらうことです。しかし、弁護士の場合なかなか難しいです。細心の注意を払わないと業務広告規程に抵触することになりかねないからです。他の業界のように、「3か月で売上を倍増させます」「10％の節税をお約束します」といった表現は使えません。

　③　弁護士個人の特徴　　15秒

「弁護士としての強み」については表現に制限があるため、弁護士個人の特徴が重要になってきます。前記のとおり、異業種交流会に参加している人は、その段階では特に法律問題を抱えていない人も多いです。そういう人には弁護士としての強みは響きません。そうであるならば弁護士個人に興味を持ってもらうことを考えましょう。また、弁護士は硬い職業と思われていますので、親しみやすくなるような身近な話をするのが大事です。

　たとえば、出身地は最も典型的な弁護士個人の特徴です。出身地＋その出身地ならではエピソードを加えれば個性を出せます。たとえば「品川区の出身で家の近くに屋形船の船着き場があります。屋形船に興味がある方にはご紹介もできます」などです。

　④　締め　　10秒

　この項目で重要なのは名前を再度強調することです。また、その異業種交流会で交流したい人のタイプを伝えることも有効だと言われています。「○○な方、是非お声掛けください。弁護士の○○でした。よろしくお願いします。」といった形です。

　以上を考慮して、例文作ると以下のようなものになります。

　弁護士の○○○○です。「フットワークの軽い弁護士」をモットーに××で開業しています。
　弁護士は敷居が高い、そう思ったことはありませんか。ご安心ください、私の事務所では、ご要望があればご自宅・会社にお伺いして法律相談を承っています。今日も▲▲方面の会社で、従業員とのトラブルについてご相談を受けて

きました。大きなトラブルに限らず日常のギモンにもお答えいたします。

　出身は、新潟県の■■で、日本酒の▼▼が有名です。私も日本酒が好きでこちらでも色々な店を回っています。隠れた名店もいくつか見つけました。

　お酒が好きな方、ちょっとした法的トラブルを抱えている方、いらっしゃいましたら是非お声掛けください。弁護士の〇〇〇〇でした。よろしくお願いいたします。

(318字)

　自己紹介の中身も重要ですが、態度にも注意を払う必要があります。背筋を伸ばし、一言一言はっきりと発声しましょう。目線は落とさずゆっくりと周囲を見回しながら自己紹介できるようになるのが理想です。とはいえ、他の参加者と視線を合わせる必要まではありません。参加者の額を見回すくらいの気持ちで臨みましょう。自己紹介を含めたプレゼンテーションは、数をこなすことで如実にスキルが向上します。最初から自己紹介が上手い人はほとんどいませんので、上手くいかなくとも気を落とさず積極的に数をこなしましょう。

著者の実体験⑫　自己紹介

　本文中、自己紹介の構成要素ごとに案文を用意しておき、異業種交流会の特性に応じてそれらを組み合わせるのが良いと述べました。著者の場合、以下のような案文を用意していました。

① **名前、事務所概要、キャッチコピー**

　弁護士の松本常広です。品川区の武蔵小山で開業しています。武蔵小山に密着した弁護士として地域の問題解決に当たっています。

② **弁護士としての強み**

(1) 私のクライアントは、約8割が武蔵小山周辺にお住まいの方々です。自宅も武蔵小山ですので、地域の事情にも精通しており、ご要望があればすぐに現場に駆けつけます。クライアントの皆様からは「話が早くて助かった」「近くに事務所があって良かった」との評価をいただいております。

(2) 私の事務所では、相続、不動産、会社関係の案件が多いですが、最近は遺産分割に力を入れています。遺産分割は、親族間という近い関係だからこそ心情的な争いに発展しやすい分野ですが、他の相続人と粘り強

く交渉しています。遺産の額も数十万円程度から億を超える案件まで幅広く対応しています。
(3)　私の事務所では、相続、不動産、会社関係の案件が多いですが、最近は賃貸物件の明渡しに力を入れています。明渡しは、長引けば長引くほどオーナーの損害が大きくなるので、早期解決に努めています。トラブルが起きる前の予防が大切な分野ですので、ご興味のある方には後ほど予防法をお伝えいたします。
(4)　私の事務所では、相続、不動産、会社関係の案件が多いですが、最近は従業員トラブルの解決に力を入れています。一旦従業員とトラブルになると、中小企業の場合は一気に倒産が現実化することもあります。労働審判は、毎年3000件以上起こされており、決して遠い世界の出来事ではありません。従業員を雇われている方は、一度社内規程の総点検を行うことをお勧めしています。

③　**弁護士個人の特徴**
(1)　個人としても地域に関わっておりまして、弁護士としては極めて珍しいようですが、地元の消防団に所属し日夜地域防災にも励んでおります。
(2)　出身は、山口県の宇部市です。山口県といえばふぐが有名ですが、地元ではめったにふぐを食べたことはありませんでした。上京してようやくふぐのおいしさに気づき、最近名店を見つけました。興味がある方は後でお教えします。
(3)　昨年からポケモンGOにハマっていまして、弁護士業界ではNo.1トレーナーの自負があります。先日地域限定ポケモンをゲットするためにわざわざ沖縄に行ってきました。筋金入りです。
(4)　弁護士としては少し変わった経歴でして、弁護士になる前にサラリーマン経験がございます。新規開拓営業を行っており、良く新宿の高層ビルに飛び込んでいました。
(5)　弁護士としては少し変わった経歴でして、独立開業する前は、国会議員の秘書をしていました。永田町の裏話について聞きたい方、お教えいたします（守秘義務に反しない範囲で）。

④　**締　め**
(1)　地域でお困り事がございましたら是非お声掛けください。弁護士の松

> 本常広でした。よろしくお願いいたします。
> (2)　弁護士の松本常広でした。よろしくお願いいたします。
>
> 　一読してお分かりいただけると思いますが、著者の場合、弁護士の強みの方はあまり特徴的なことが言えていません。経験自体が浅い状態での開業なのでこれはやむを得ません。「力を入れている」と強調した分野は、実際には他にそれほど案件がなかったため、力を入れざるを得なかった分野です。そこで、著者は、弁護士個人の特徴の項目でできるだけ個性を出すように心がけました。弁護士は敷居が高いと思われている業種ですので、プライベート押しは効果があり、自己紹介の後話が弾むことが多かったです。

(5)　自己紹介後の動き方

　自己紹介が終わったら、引き続き参加者と交流することになります。異業種交流会で何を話すかについては、自己紹介で話した内容に肉付けしていけば問題ありません。業務内容については、特定できない範囲で事例を話せば会話に困るということはないはずです。また、話すことが苦手な人にお勧めなのが、相手に質問を繰り返すことです。検察修習の取調べ修習を思い出しましょう。

　ところで、異業種交流会でやってしまいがちなミスは、名刺集めに必死になるというものです。前記のとおり、参加者との間に信頼関係を築くことが異業種交流会参加の目的ですから、名刺交換に必死になるのは良くありません。一人一人との交流がおざなりになってしまうからです。1回の異業種交流会で参加者全員と話をする必要はありません。気が合いそうな人を探してじっくりと会話し、興味を持ってもらうことが大切です。端的にいえば、異業種交流会で友達作りを行うというイメージです。そして、相手に「この弁護士は信用できる」「また次回も会ってみたい」と思ってもらえれば成功です。このように思ってもらうためには、会話の流れや内容に気を使うのはもちろんですが、相手にとって有益な情報を提供することを意識するのも大切です。交流会で相手が何か疑問を持っているようなら、交流会のお礼メール

の中で「昨日○○について疑問をお持ちでしたが、調べてみたところ○○でしたよ」とサービスすれば、「この弁護士は丁寧な人だ」という印象を与えることができます。簡単な法律相談レベルであれば無償で応じてあげるのが良いでしょう。

　このように書くと、相手が調子に乗って相談料を払わずに色々と質問してくるのではないかと思われるかもしれません。しかし、普通の人には返報性の原理（他人から親切にされたら返さなければと感じてしまう心理）が働くので、一方的にただ乗りされるケースはそう生じません。仮にそういった相手の場合は、打ち切り宣言をすれば良いだけです。「そろそろ相談料をいただかないと他のクライアントとのバランスがとれなくなりますので」とはっきり言いましょう。どのタイミングで打ち切り宣言をするかは、事前にある程度自分の中で基準を決めておくとストレスになりません。たとえば、異業種交流会で出会った人からの簡単な相談であれば3回までは無料対応するなどです。

　また、特に継続性のない異業種交流会の場合、交流をその場限りにしないために、次に会う予定まで決めることができればベストです。これは、顧問契約を締結してもらうためのアポイントメントではありません。相手とより親交を深め信頼関係を築くためのアポイントメントです。ですから、「今度○○さんお勧めの店に行きましょう」「まだ開業したばかりでこの辺りに詳しくないので、是非おいしいところを教えてください」「是非会社を見学させてください」「今日の○○さんのお話、もっと詳しく伺いたいので今度ランチでもどうですか」など軽いアポイントメントで問題ありません。

　とはいえ、初対面の人にアポイントメントを取るのは容易ではありません。そこで、「他にも交流会に参加されていますか。もしよかったらお勧めの交流会を教えてください」と相手が参加している交流会を教えてもらい参加するのも一案です。また、相手がFacebookなどのSNSのアカウントを持っているようでしたら、「友達申請していいですか」とその場で許可を得るのが良いでしょう。

　異業種交流会が終わったら、すぐに名刺の整理を行います。会った日付、

場所、相手の特徴を名刺に記入します。相手の特徴は、外見だけでなく、相手の興味や趣味などの内面的なものも記入しておけば、後日再会したときに会話がスムーズに進みます。また、これはと思う方には、遅くとも翌日中に簡単なもので構わないのでお礼のメールを送りましょう。

ただし、会社員の場合は、会社のメールアドレスでの個人的なやり取りを禁止していたり、名刺に記載されているメールアドレスが部署共通というと

COLUMN ⑩ 得意分野

「先生の得意分野は何ですか？」この質問に困ったことのある弁護士は多いと思います。一部の弁護士を除き、多くのマチ弁は取扱分野を特化しておらず、明確な専門分野を持たないのが一般的です。そこで、「依頼があれば何でも受けますよ」とお茶を濁してしまいがちです。

ですが、それではせっかく知り合った相手に自分を印象付けることができません。相手が欲しがっている情報を出すというのが営業の基本です。相手が経営者であれば企業法務関係、マンションのオーナーであれば建物の明渡しや未払い賃料関係、年齢が高めの相手には相続関係といった話題を出せば会話が弾む可能性があります。もちろん、虚偽の事実を伝えるわけにはいきませんから、「最近こういった事例を扱いました」「最近関心があるのはこういった分野です」といった形で、「何が得意か」という質問には直接答えずに相手の興味に合わせられるよう表現を工夫する必要があります。

そもそもこの手の質問は、その弁護士がどんな分野が得意かを本気で探ろうとしているというよりも、話のきっかけを作ろうとしている場合が多いのではないかと思います。ですので、あまり気負う必要はありません。守秘義務に反しない限りで事例を交えつつ普段の仕事ぶりを話せば問題ありません。また、ある程度話した段階で「何か興味がある分野はありますか？」と聞いてみると相手に合わせた会話を続けることができます。

なお、専門分野、得意分野については、業務広告指針の以下の規定に注意が必要です。

ころもあります。そのため、交流会中に「メールで連絡する場合はこのアドレスにお送りしても良いですか」とメールの送り先を聞いておく必要があります。そういう意味でも、SNSであればお礼のメッセージも送りやすいですから、SNSを利用している相手であれば「友達」としてつながっておくのが良いです。

業務広告指針第3　12

(1)　専門分野は、弁護士等の情報として国民が強くその情報提供を望んでいる事項である。一般に専門分野といえるためには、特定の分野を中心的に取り扱い、経験が豊富でかつ処理能力が優れていることが必要と解されるが、現状では、何を基準として専門分野と認めるのかその判定は困難である。専門性判断の客観性が何ら担保されないまま、その判断を個々の弁護士等に委ねるとすれば、経験及び能力を有しないまま専門家を自称するというような弊害も生じるおそれがある。客観性が担保されないまま専門家、専門分野等の表示を許すことは、誤導のおそれがあり、国民の利益を害し、ひいては弁護士等に対する国民の信頼を損なうおそれがあるものであり、表示を控えるのが望ましい。専門家であることを意味するスペシャリスト、プロ、エキスパート等といった用語の使用についても、同様とする。

(2)　得意分野という表示は、その表現から判断して弁護士等の主観的評価にすぎないことが明らかであり、国民もそのように受け取るものと考えられるので、規程第3条第2号又は第3号に違反しないものとする。ただし、主観的評価であっても、得意でないものを得意分野として表示する場合は、この限りでない。

(3)　豊富な経験を有しないが取扱いを希望する分野として広告に表示する場合には、次に掲げる例のように表示することが望ましい。

　ア　「積極的に取り組んでいる分野」
　イ　「関心のある分野」

10　名刺

　異業種交流会に参加すればするほど、名刺がたまっていき、名刺の名前と相手の顔が一致しなくなってきます。これは相手にとっても同じことで、どういう弁護士なのか、どんな顔だったのかが記憶から零れ落ちていきます。

　そこで、この項では名刺について掘り下げてみたいと思います。名刺は、自分の情報を相手に伝えるツールです。受け取った人は普通、名刺表面を一通り見た後裏面も確認します。名刺には、連絡先を伝えるという機能だけではなく、自身の情報を盛り込んでおけば初対面の相手と話すきっかけになるという機能、後日名刺の持ち主がどういった人であったか記憶の喚起に役立つという機能があります。これらの機能を意識したのが、顔写真入りの名刺やアピールポイント入りの名刺です。

　名刺に顔写真を入れることについては、軽く見られてしまう、威厳がなくなってしまうという意見もあります。特に弁護士同士での名刺交換で顔写真が入ったライトな名刺を差し出すのは心が引けます。確かに、弁護士という職業柄、威厳というのも大切なのかもしれません。縦書きの名刺や「辯護士」という旧字体を用いた名刺を見かけるのもこの点を考慮してのことでしょう。

　一方で、法律事務所のテレビコマーシャルや弁護士のバラエティー番組への出演などで、弁護士も昔に比べれば身近な存在になりつつあります（そうはいってもまだまだ敷居が高い職業と思われていますが）。若年層を中心に、弁護士の威厳を気にしない人も増えてきています。

　一定の威厳は保ちたいが、交流会で知り合った人に顔を覚えてもらいたい、この二つの相反するオーダーにどう調整をつけるかですが、単純な話です。名刺を2種類作れば良いのです。第2章で述べたとおり、インターネット印刷業者を使えば格安で、かつ、容易に名刺を作成することができます。同業者や年齢層の高い経営者などに渡す硬い名刺と異業種交流会などで渡す柔らかい名刺の2種類を用意し、使い分ければ良いのです。

図表3-7　名刺の一例

　柔らかい名刺はたとえば**図表3-7**のとおりです。写真は、できるだけ大きく掲載します。最近は、人物写真の背景を切り抜くアプリもたくさんあります。字体についても、明朝体以外を使ってみるというのも一案です。電話番号やメールアドレスについても、「TEL」「Email」と文字を使うのではなくイラストを使ったり「T」「E」と表現する方法もあります。裏面には、取扱分野、経歴、趣味・特技、座右の銘などを載せておくと良いでしょう。好きな書籍や仕事で大切にしている価値を載せる例もあります。なお、できるだけ自分の情報を載せるという観点から、政治家を中心に二つ折り名刺も活用されています。色々検討してオリジナル名刺を作成すると良いでしょう。

COLUMN ⑪ 笑顔の練習

　かなり細かい話ですが、表情というのは大切です。初めて弁護士に相談しようと思う人の中には、弁護士は何だか怖いと漠然と思っている人も多いです。そのような人が、弁護士を探して事務所のウェブサイトを訪問した際、仏頂面をした弁護士の顔が出てきたら予約を躊躇してしまいます。ラーメン店のように腕を組んで仏頂面というのがむしろこだわりのある職人風に受け取られる業界もありますが、法律事務所の場合はそうではないでしょう。百戦錬磨のベテラン弁護士の場合は、頼もしく映る可能性もありますが、特に実績のない若手だとマイナス効果です。逆に歯を出して満面の笑みを作るのも、「法律問題を抱えているのにバカにしている」と受け取られかねませんので、微笑む程度が良いのではないかと思います。どれほど優れたカメラマンに頼んでも、こちらの表情が硬いと良い写真は撮れません。鏡を見ながら笑顔の、キメ顔の練習をしましょう。また、真正面から撮影された写真がその人の最良の顔というパターンは少ないようです。左右対称の顔はなかなか存在しないからです。著者も正面から写真を撮ると口が歪んでいますし、眉毛の角度が左右で異なります。そのため若干斜めから写真を撮るようにしています。なお、著者は自分の顔が嫌いなのでこの作業は極めて苦痛ですが、我慢して取り組んでいます。

第4章

最小の費用で最大の効果を上げるWeb対策

第4章　最小の費用で最大の効果を上げるWeb対策

　近年、弁護士業界でもWebマーケティングが盛んに喧伝されています。分野別専門サイトの構築、リスティング広告、SEO対策、SNSの活用など様々な情報が飛び交っています。Webマーケティングも徹底しようとすればキリがありません。事務所ウェブサイトの構築に100万円程度の出費を余儀なくされたという話も聞きます。分野別サイトを立ち上げればさらに費用がかかります。いくら選択と集中が大事とはいえ、開業時にそこまで資金的余裕のある若手弁護士はそういないでしょう。ここでは、できるだけ費用をかけず行うWeb対策について述べていきたいと思います。

　そもそも、Web対策を行う目的は何でしょうか。かなり抽象的にいえば、インターネット上で弁護士を探している人が、自分の事務所に問い合わせてくれるように誘導することでしょう。地域密着型法律事務所の場合、商圏を絞っているわけですから、この「インターネット上で弁護士を探している人」は、「インターネット上で弁護士を探している地域住民・法人」ということになります。もちろん、それ以外の人が問い合わせてくれればそれに越したことはありませんが、それはあくまで付随的なものと考えるべきです。

1　事務所ウェブサイト

(1)　事務所ウェブサイト制作の必要性

　Web対策の前提となるのが事務所ウェブサイトです。地裁支部管轄区域の中には、事務所のウェブサイトを持っていない弁護士が大半、という場所もあります。しかし、相談希望者の利便性を考えれば事務所ウェブサイトの構築は必須といえるでしょう。

　事務所ウェブサイトの制作方法としては、主に以下のようなパターンがあります。

- 無料ドメインで制作（他社の広告も表示される）
- 有料独自ドメインで制作
- 弁護士ドットコムなど弁護士ポータルサイトで代用

- iタウンページで代用
- ブログで代用
- Facebookページで代用
- 分野ごとに専門ウェブサイトを制作

　ドメインとは、インターネット上の識別記号、住所のようなものです。ウェブサイトのhttp://www.の後ろの部分、メールアドレスの@より後ろの部分が該当します。

　有料独自ドメインを取得して法律事務所のウェブサイトを制作するというのが一般的だと思いますが、最近はコスト削減のためか弁護士ポータルサイトやFacebookページ（Facebookの企業・団体向けページ）で代用という若手弁護士も増えてきています。また、有料独自ドメイン＋弁護士ポータルサイト、有料独自ドメイン＋分野ごとの専門ウェブサイトといった運用も増えています。

　弁護士ポータルサイトやFacebookページだけだと、独自のコンテンツを盛り込むことが困難ですし、更新情報の掲載も工夫がいります。対外的信用力も有料独自ドメインで制作した事務所ウェブサイトには劣ります。たとえば、歯科医を探す際、きちんとしたウェブサイトが制作されている医院とポータルサイトやFacebookページの情報しかない医院だと、前者の方が安心だと感じられるのではないでしょうか。以上から、事務所のウェブサイトは可能な限り立ち上げるべきです。

　事務所ウェブサイトについて、ある程度の見栄えを整えようとすると、制作を業者に依頼するということになります。これまで本書では、可能な限り業者に頼まず自分で行動することをお勧めしてきました。しかし、ことウェブサイトに関しては、業者に依頼した方が良いと考えます。名刺やチラシの場合、多少努力すればある程度のクオリティに達することは難しくありません。しかし、ウェブサイトの場合は、後述するSEO対策（検索エンジンで特定のキーワードで検索したときに上位に表示されるようにするための対策）を含め、考慮要素が多く容易ではありません。手作り感がある方が、親

しみが湧くのではないかという意見もあり得ますが、顧客が弁護士に求めるのは専門性です。どれほど親しみが持てる弁護士でも専門性に不安が生じるようでは依頼を躊躇してしまいます。したがって、ウェブサイトの場合、手作り感よりも手堅さの方が重要ではないかと考えます（凝ったデザインまでは不要ですが）。

(2) 制作費を抑えるコツ

業者にウェブサイトの制作を依頼した場合、費用は10万円〜100万円超えまで様々です。初期費用を安くする代わりに月々の管理費名目で高い金額を請求する業者もあるので、制作費のみならず保守管理費にまで配慮しておく必要があります。開業資金が潤沢ではない場合、ウェブサイトの制作費も可能な限り抑えたいところです。制作費を抑えるコツとしては以下のようなものがあります。

① デザインはテンプレート＋α

凝ったデザインや様々なオプションの付いたサイトにしようとすればそれだけ制作費は高くつきます。法律事務所のウェブサイトを無作為に検索して閲覧していただければ確認できると思いますが、法律事務所のウェブサイトで凝った作りになっているものはごく一部です。多くは同じようなデザイン・構成になっています。インターネット広告を出している法律事務所の中には、事務所のウェブサイトとは別にランディングページ（インターネット上の広告をクリックすると表示されるページ）を作っているものもありますが、後述のとおり、そこまで力を入れなくても顧客の獲得は可能ですので気にしなくても問題ありません。

地域密着型法律事務所の場合、商圏を絞り、その点で差別化を行っているので、ウェブサイトのデザインを他の事務所と差別化する必要性は低いといえます。最低限の見栄え、閲覧しやすさ、内容の分かりやすさ、この点に気を付ければ問題はありません。デザインではなくコンテンツで事務所のオリジナリティを出せば良いのです。

したがって事務所のウェブサイトは、業者が用意しているテンプレートを

加工したもので十分です。

　② 弁護士自身が案を出す

　ウェブサイト制作業者の中には、Webマーケティングに配慮したウェブサイトの制作をウリにしているところもあります。インターネット上の弁護士業界・市場分析やそれに基づくライティング（コンテンツの作成）を行うというものです。当然、その分制作費に費用が上乗せされます。しかし、一部のSEO対策を除き、これらは自分自身で行うことが可能です。弁護士を探している見込顧客がどういった情報を欲しがっているのかは、日々相談者・依頼者と接する弁護士こそ想像が可能なはずです。「法律事務所のウェブサイト制作実績多数」などの甘言に惑わされてはなりません。

　むしろ、ウェブサイトのデザイン案、コンテンツを弁護士側で作成し、ウェブサイト制作業者のテンプレートにあてはめて作るよう依頼すれば制作費が安くなる可能性があります。というのも、業者側にとって、発注者と何度もやり取りし、ヒアリングしながら制作していくというのは、人件費がかかるため、その手間を省けば業者側の費用を抑えることができるからです。

　③ ページ数を少なくする

　ウェブサイト制作費はウェブサイトのページ数が増えれば増えるほど高くなる傾向があります。したがって、ページ数を少なくすれば費用は抑えられます。たとえば、弁護士紹介、事務所概要、アクセス情報を一つのページにまとめるといった具合です。これらは、それぞれトップページのメニュー（グローバルナビ）の項目に掲げられる場合が多いのですが、項目ごとに別ページを作らずとも、一つのページの中でそれぞれの項目を作り、リンク先を各項目に設定すれば対応可能です（**図表4-1**）。

　ページ数を少なくすることは、SEO対策上はマイナスです。しかし、後述のとおり、地域密着型法律事務所の場合は、他のSEO対策でカバー可能です。

図表4-1　ページ数を減らす方法

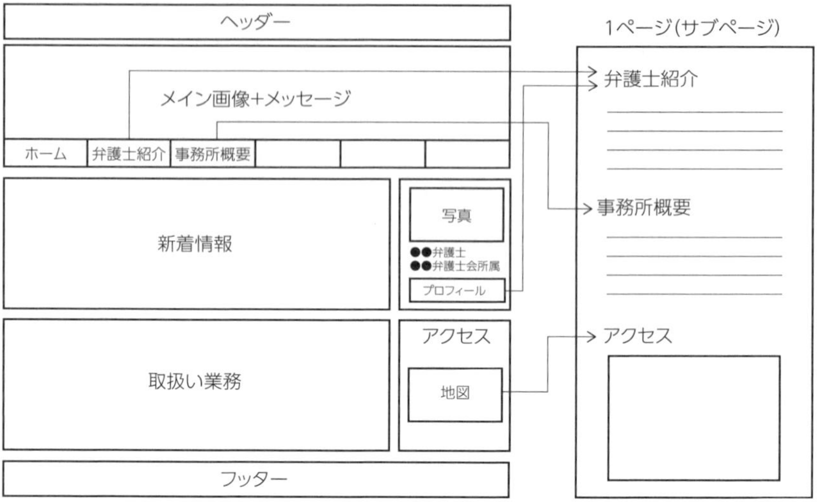

```
┌─────────────────────────────────┐   1ページ（サブページ）
│            ヘッダー              │  ┌──────────────┐
├─────────────────────────────────┤  │→ 弁護士紹介    │
│      メイン画像＋メッセージ         │  │　_____  │
├──┬─────┬─────┬──────────┤  │　_____  │
│ホーム│弁護士紹介│事務所概要│         │  │　_____  │
├──┴─────┴─────┴──┬───┤  │→ 事務所概要    │
│                        │ 写真 │  │　_____  │
│       新着情報          ├───┤  │　_____  │
│                        │●●弁護士│  │　_____  │
│                        │●●弁護士会所属│→ アクセス    │
│                        │プロフィール│  │          │
├────────────────┼───┤  │          │
│                        │アクセス│  │          │
│       取扱い業務         ├───┤  │          │
│                        │ 地図 │  │          │
├────────────────┴───┤  └──────────────┘
│            フッター              │
└─────────────────────────────────┘
```

(3) 事務所ウェブサイトの構成要素

次に事務所ウェブサイトの具体的なコンテンツについて検討していきます。最低限必要な要素は以下のとおりです。

- 事務所名
- トップページメイン画像
- トップページメッセージ
- 更新情報（新着情報）
- あいさつ
- 弁護士のプロフィール
- 弁護士の写真
- 事務所概要
- 事務所内外観写真
- 電話、メールなどの問い合わせ先情報
- 電話受付時間
- 相談料
- アクセス情報
- プライバシーポリシー

- **事務所名**

  ウェブサイトのヘッダー・フッター部分などに表示させます。

- **トップページメイン画像**

  トップページのイメージ画像です。弁護士の写真を載せる、地域の写真を載せる、法律事務所を想起させる写真を載せるなどの選択肢があります。

- **トップページメッセージ**

  事務所ウェブサイトを訪れた人に向けたメッセージです。事務所のキャッチフレーズなどを掲載します。トップページメイン画像に被せて表示させることが多いです。

- **更新情報（新着情報）**

  「無料法律相談会を開催します」「弁護士が取材を受けました」「年末年始休業のお知らせ」など事務所の新着情報を掲載する部分です。クリックすると詳細な情報を掲載したサブページに移動するようにします。事務所ウェブサイトが頻繁に更新されている方が、活気がある事務所という印象を与えることができます。また、頻繁に更新すると後述のとおりSEO対策にもなります。

- **あいさつ**

  事務所開業の理念や弁護士が大切にしている価値、事務所の強みなどを載せることになります。若手弁護士が強みを持つことは容易ではありませんが、地域密着事務所の場合は、地域に密着していること自体が強みになります。事務所開業の理念についても、その地域に貢献したい、地域の法的課題を解決するためにここで開業したんだという情熱を伝えるようにしましょう。

  人は相手から選ばれたと感じたり、相手と自分に共通項があると思ったりすると親近感を覚えるといわれています。地域密着を強調するのはこの感情に訴えるためです。地域密着といいながらターゲットの範囲を広くとりすぎるのは問題です。たとえば、地域密着、町医者的と謳っておきながら「対応可能エリア」などの項目でターゲットの範囲を全県に広げてしまうと、地域住民に違和感を持たれてもやむを得ないでしょう。商圏を絞るということは

商圏外の市場を捨てるということなので確かに不安になります。しかし、その不安を払拭するために開業前の商圏分析に力を入れるのです。ご自身の分析に自信を持ち、ここは不安と戦いましょう。また、地域密着といっても、商圏外からの問い合わせを排除するというわけではありません。ターゲットについて「○○地域を中心に、地域の皆様の法的課題を解決することを目指しています」といった記載にすれば、商圏外から相談予約が入ることもあります。実際、著者の事務所も商圏自体はかなり絞っているものの、ウェブサイト経由で商圏外から予約が入ることも珍しくありません。

COLUMN ⑫ 写真撮影

　ウェブサイト、パンフレット、チラシなど弁護士や事務所の写真を掲載する機会はたくさんあります。弁護士の写真くらいは、長期的に使用するものだからプロのカメラマンに依頼した方が良いという意見もあります。しかし、写真撮影をプロに依頼するとそれだけで数万円かかります。やはりできるだけ支出は抑えたいところです。そうすると、事務所の写真などは自分で撮影し、弁護士の写真撮影は友人・知人にお願いする、タイマーで撮影するということになります。

　素人が撮影する際のコツは、とにかくたくさん撮影することです。デジカメであれば容量がいっぱいになっても削除してしまえば良いのでとにかくたくさん撮る、そうすると少しずつコツがつかめてきます。特に人物写真は、数百枚単位で撮りましょう。角度は正面・左斜め・右斜め、遠距離・中距離・近距離の9パターン、起立・着席、単に微笑んでいるもの・話している風のもの・身振り手振りを加えたものなど各種類を何度も撮影し、納得できるものにたどり着きましょう。根気のいる作業となるので、友人・知人に協力を仰ぐ場合は相当親しくないと途中で投げ出されてしまいかねないので気を付けましょう。

　また、インターネットで検索すれば、素人が上手く写真を撮影する方法がたくさん出てきます。たとえば、レフ板の代わりに白い紙を使うという方法もインターネットで検索すればすぐに出てきます。試行錯誤しながら良い写真を撮影しましょう。

・弁護士のプロフィール

　弁護士のプロフィールを載せる目的は、ウェブサイトの訪問者に信頼できそうな弁護士であると感じてもらうことにあります。したがって、経歴はもちろん、役職やメディア掲載歴があれば記載すべきです。また、先ほど、相手と自分に共通項があると思うと親近感を覚えると述べました。これはプロフィールについても同様です。趣味や特技も記載しておくと良いでしょう。

・弁護士の写真

　何度も言及しているように、一般の市民にとって法律事務所はまだ敷居が高い存在です。初めて相談の予約をしようとするとき、弁護士の顔が見えないと不安になります。したがって、弁護士の写真は載せるべきです。どうしても写真を載せたくない場合は、イラストを載せましょう。

・事務所概要

　会社概要と同じだと考えていただけば結構です。

・事務所内外観写真

　前記のとおり、一般の市民にとって法律事務所は敷居が高いですので、事務所内観写真を掲載しておくと相談時のイメージが湧き、敷居を下げる効果があります。また、外観も載せておくと、初回相談者に対して親切です。

・電話、メールなどの問い合わせ先情報

　問い合わせ先情報については、事務所ウェブサイト内のどのページを閲覧していてもすぐに目に入るように配置するのが理想です。問い合わせフォームを設けると、相談希望者も問い合わせしやすいですし、問い合わせ段階で必要な情報を入力してもらえば相談の効率も上がります。ただし、問い合わせフォームを設けるとウェブサイト制作費が数万円単位で高くなるのが一般的ですので、予算を見据えながら設置するかどうか考えましょう。

・電話受付時間

　こちらもウェブサイト訪問者の目に入りやすい場所に配置するのが適切で

す。前述の2010年以降の開業者調査の際に気づいたのですが、意外にもこの情報を事務所ウェブサイトのトップページに掲載していない事務所が少なくありませんでした。相談希望者の気持ちになって考えれば、明示してあった方が親切です。通常は、トップページヘッダー部分と問い合わせ先情報のページの両方に掲載します。予め予約すれば電話受付時間外にも相談に応じるという場合は、その旨も記載しましょう。

・取扱業務

　近時、解決事例を掲載するウェブサイトも増えています。確かに、解決事例が載っていれば、ウェブサイト訪問者からするとイメージが湧きやすいというメリットがあります。しかし、早期に独立開業した弁護士の場合、解決事例自体が少ないということも往々にしてあります。そういった場合の一つの対策が、取扱業務を具体化することです。離婚協議書の作成、離婚調停、離婚訴訟といった形ではなく、たとえば以下のような記載をするとウェブサイト訪問者は相談して良いのかどうかがイメージしやすいといえます。

　以下のようなお悩みがあればお問い合わせください。

離婚

・離婚したいが、相手が同意しない

・姑からいじめを受けているが、離婚できるか

・夫の不倫相手に慰謝料請求したい

・妻の浮気が原因で離婚する場合もお金を払う必要はあるのか

など

相続

・遺言書を残す際の注意点を教えてほしい

・家族以外の人にも財産を残したい

・亡くなった父の遺言書が複数でてきた

・会ったこともない親戚の債権者を名乗る会社から請求がきた

など

・相談料

ウェブサイト訪問者の不安を払拭するため、相談料は明記すべきです。可能であれば、報酬についても掲載するのが良いでしょう。

・アクセス情報

地図はGoogleMapをはめ込む方法が良いでしょう。最寄駅からの時間、目印となる建物などについても付記しておきましょう。地方の場合は、駐車場情報もあると親切です。

余裕があれば、最寄駅などから事務所までの道順を写真と共に紹介すると初回相談者が迷わずに事務所にたどり着けます。

・プライバシーポリシー

プライバシーポリシー（個人情報保護方針）とは、そのウェブサイトが、収集した個人情報をどう扱うのかに関する取扱いの方針を定めたものです。後述するGoogleアナリティクスを利用する場合は重要になります。

SEO対策

SEO（Search Engine Optimization）対策とは、端的にいえば、検索エンジンで特定のキーワードを検索したときに上位に表示されるようにするための対策です。せっかくウェブサイトを作っても、検索エンジンの検索結果に表示されなければ集客にはつながりません。そのため、WebマーケティングではSEO対策が重視されるのです。

検索エンジンの種類は様々ですが、現在日本国内では、90％以上の人がGoogle又はYahoo!を使っています。そして、Yahoo!の検索システムはGoogleのシステムを利用しています。したがって、SEO対策ではGoogleの検索結果で上位表示されることを目指せば足りるということになります。

SEO対策は、内部施策と外部施策に分類されますが、その前提としてキーワード選択が重要です。キーワード選択とは、どのようなキーワードで検索した場合に上位表示されたいかを選択することです。地域密着型法律事務所

の場合は、「地域名　弁護士」「地域名　法律事務所」「地域名　離婚」「地域名　相続」などが考えられます。

　これらのキーワードが実際にどの程度検索されているかを知る方法があります。GoogleのリスティングサービスであるGoogle AdWordsが提供しているキーワードプランナーというツールを使うのです。利用にはGoogleアカウントが必要になります。これを利用すれば特定のキーワードが毎月どの程度検索されているかの目安を知ることができます。この調査は、開業地域を考えるときにも参考になります。たとえば、「地域名　弁護士」というキーワードがどの程度検索されているかを調べて、その数値が他の地域に比べて明らかに低いということであれば、その地域に弁護士の需要自体が少ないという可能性があります。ただし、著者の開業地である「武蔵小山　弁護士」や「品川区　弁護士」で調べても、検索数の平均月間ボリュームは10～100程度なので、あくまで参考に用いる程度に留めましょう。

　話が逸れましたが、上位表示させたいキーワードが決まったら後は内部施策と外部施策を行うことになります。もっとも、地域密着型法律事務所の場合、高度なSEO対策までは不要です。というのも、そもそも商圏を絞っているので、「地域名　弁護士」などのキーワードで検索すると自分の事務所のウェブサイト以外に表示される法律事務所が少なく、上位表示させるためにそれほど労力が必要ない場合が多いからです。

　とはいえ、念のため触れておきます。

　まず、内部施策ですが、HTMLファイル（ウェブサイト作るために用いられる言語が書かれたファイル）のタイトルタグなどに上位表示させたいキーワードを入れる、内部リンクの最適化を行うなどの方法があるのですが、この辺りの解説を始めるとそれだけで1冊分の分量になってしまうため最低限の記載に留めます。キーワードを意識しながらコンテンツとなる文書を作り込んでいくのです。ここでは「地域名」「弁護士」というキーワードを不自然にならない程度にコンテンツに盛り込んでいくと考えれば良いでしょう。あまりにキーワードの出現頻度が高いと、逆効果になる場合があります。また、コンテンツを増やすことも良いとされています。更新を頻繁に行った

り、画像を配置したりすることが考えられます。画像は、他のウェブサイトで使われているものよりもオリジナルなものの方がGoogleに好まれるといわれています。事務所内観や外観、弁護士の写真を適宜配置することで対応すれば良いでしょう。また、ウェブサイトをスマートフォン対応にすると良いとされています。

次に外部施策ですが、他のウェブサイトからのリンクを増やすという方法が挙げられます。そして、このリンクが質の高いものであれば、それだけ効果があるとされています。何をもって質が高いかは、Googleが公表していないため明示できませんが、相手サイトの更新頻度やコンテンツの充実度、関連性などが良く挙げられています。逆に、不自然な外部リンクに対してはペナルティが課されて検索順位を下げられることもあるので要注意です。質が高いウェブサイトにリンクを貼ってもらうことは容易ではありませんが、具体例を一つ紹介します。インターネットメディアを活用するという方法です。最近は「弁護士ドットコムニュース」や「シェアしたくなる法律相談所」など弁護士にニュースを解説させるインターネットメディアが増えています。それらに取材協力すれば、記事の末尾に自分の事務所のリンクを貼ってもらうことができるはずです。

ところで、Webマーケティングにおいて、ウェブサイトを頻繁に更新するのが良いとされているのは、活動実績を示すためやSEO対策という理由だけはなく、リピーター対策としての側面もあります。検索エンジンで弁護士を探す人の中には、すぐに法律事務所に問い合わせる必要まではないと考えている人もいます。そういう人は、時間をおいて再度事務所のウェブサイトを訪問することがあります。その際、新しいコンテンツが更新されていれば、興味を持ってもらえる可能性があります。

以上のような対策を行っておけば、地域密着型法律事務所の場合、費用をかけてまでSEO対策を行わなくても、上位表示されるケースが多いです。なお、ウェブサイトの制作業者を選ぶ際に、SEO対策（内部施策）に強い業者を選んでおけばなお良いです。どの業者がSEO対策に強いかは、制作実績として掲げているウェブサイトについて、関連するキーワードで検索し

てみて上位表示されるかどうかが目安となります。

Googleマイビジネスへの登録

　経路検索などでGoogle Mapをお使いの方も多いと思いますが、Googleマイビジネスに登録することで、Google Mapに法律事務所の情報（住所、営業時間、ウェブサイト、写真など）を掲載することができることはご存知でしょうか。自分で登録しなくても、Googleが随時自動的に登録作業を行っ

COLUMN ⑬

Googleアナリティクスの活用と注意点

　事務所に相談者が訪れた際にどこで事務所を知ったのかを尋ねれば、どの広告媒体が効果的かを知ることができます。一方、事務所ウェブサイトの場合は、訪問者数を知ることも重要です。これは、訪問者がどの程度の割合で問い合わせているのかを把握するためです。また、どのページが良く読まれているのか、事務所ウェブサイトから離れるときに最後に閲覧していたページはどこかなどが分かれば、事務所ウェブサイトのカスタマイズに役立ちます。

　この点の分析を行うためにGoogleアナリティクスを利用する事務所が増えているのではないかと思います。Googleアナリティクスというとは、Googleが提供するアクセス解析ツールです。ウェブサイトの訪問者数、訪問者がどこからウェブサイトにたどり着いたか、新規訪問の割合、使用デバイスはパソコンかタブレットかなどを把握することができます。訪問者がどのようなキーワードで検索して訪問したかも把握できたり、ウェブサイトのどこのページから離脱する率が高いかを分析できたりと、ウェブサイトをカスタマイズするときに有用なツールです。ただし、導入に当たっては一点注意が必要です。Googleアナリティクス利用規約には、以下の記載があります。

ているので、住所はいずれ登録される可能性があるのですが、登録されるのを待つのは時間の無駄です。Google マイビジネスに登録すると、Google Map上に事務所の情報を掲載できるようになるのですが、メリットはそれだけではありません。Googleで「地域名　弁護士」「地域名　法律事務所」などで検索すると、検索結果の上位に、Google Mapの法律事務所情報が表示されます。これは法律事務所に限らず他の業界も同様です。近隣に法律事務所がない場合には、事務所名や地図情報だけではなく、予め登録しておきさえすれば、営業時間、事務所内の写真なども大きく表示されます。

> お客様は適切なプライバシー ポリシーを用意および遵守し、訪問者からの情報を収集するうえで、適用されるすべての法律、ポリシー、規制を遵守するものとします。お客様はプライバシー ポリシーを公開し、そのプライバシー ポリシーで、お客様がデータ収集のために Cookie を使用していることを必ず通知するものとします。また、Google アナリティクスを使用していること、および Google アナリティクスでデータが収集、処理される仕組みについても必ず開示するものとします。この情報の開示は、「ユーザーが Google パートナーのサイトやアプリを使用する際の Google によるデータ使用」のページ（www.google.com/intl/ja/policies/privacy/partners/ や、Google が随時提供するその他の URL）へのリンクを目立つように表示することで実施可能です。お客様は訪問者の端末上での Cookie やその他の情報の保存や、そうした情報へのアクセスについて、そうした行為が本サービスに関連して発生する場合、およびかかる行為に関する情報の提供と訪問者からの同意が法律で求められている場合は、訪問者に明確かつ包括的な情報を提供し、同意を得るように商業上合理的な努力を払うものとします。

Googleアナリティクスを導入する際は、プライバシーポリシーの規定を整える必要があります。

これは無料で可能なWeb対策です。事務所開業から間もない時期には、事務所のウェブサイトが検索結果の上位に表示されないことも多いですので、Googleマイビジネスは、極めて大きな宣伝効果を発揮します。しかも、スマートフォン表示にも対応しているので、金銭的余裕がなく事務所ウェブサイトをスマートフォン対応にできない間は、代替機能を果たします。登録は簡単です。Googleマイビジネスのサイト

http://www.google.com/intl/ja_jp/business/

で登録申請を行い、Googleから電話又はハガキで確認コードを受け取り、確認コードを入力すれば、法律事務所の情報を登録・編集できるようになります。

弁護士ポータルサイトへの無料登録は、比較的多くの弁護士が行っていますが、どういうわけかGoogleマイビジネスの登録については、士業のWebマーケティングを扱った書籍でもあまり取り上げられていません。とても有用な方法ですので是非活用していただきたいと思います。

4 リスティング広告

弁護士業界の中で最も活用されているインターネット広告は、リスティング広告でしょう。リスティング広告とは、検索エンジンで検索したときに、検索結果に連動して表示される広告です。通常の検索結果（自然検索）よりも上位の欄に表示されたり、検索結果の右側の広告欄に表示されたりします。

リスティング広告は、すぐに始められる、予算を自分で決められる、低予算から始められるなどの特性があるため開業から間もない弁護士でも導入しやすい広告として取り上げられてきました。しかし、競争が激化したため、単価が上昇傾向にあります。また、どのようなキーワードを選ぶか、キーワードのマッチタイプ（部分一致、フレーズ一致など）をどうするか、ランディングページ（インターネット上の広告をクリックしたときに表示されるページ）をどうするかなど検証すべき事項もたくさんあります。

そういった背景もあり、最近、リスティング広告のコンサルティングを行

いますという広告代理店やコンサルティング業者の営業が増えています。しかし、彼らの大半は、Webマーケティングの技術は持っていても、弁護士業界の情報は持っていません。事務所ウェブサイトの制作費削減の項目でも述べましたが、法律事務所を訪れる人々の情報は、弁護士の方が持っています。その情報をきちんと分析し、リスティング広告について素人なりに研究すれば、広告代理店よりも効果的な広告が打てるはずです。独立開業当初は何かと不安がつきものですが、広告代理店などの甘言に一縷の望みを託すということはやめましょう。

　ところで、地域密着型法律事務所という事務所モデルのメリットは、このリスティング広告に手を出さなくてもWeb集客を行える点にもあります。これまでも述べてきたとおり、地域密着型法律事務所は、商圏を絞っています。商圏内の住民が弁護士を探す際のキーワードは、「地域名　弁護士」「地域名　法律事務所」「地域名　離婚」などが多いと思われます。検索結果にリスティング広告が表示されることもあるでしょうが、それらの多くは、広範囲に広告を出している遠方の法律事務所です。仮に商圏内の住民がそれらの広告をクリックしたとしても、近所の法律事務所を探したいというニーズと一致しないため、問い合わせることなく離脱する確率は高いはずです。その場合、検索結果の中からニーズにあったものがないか探すことになるでしょう。リスティング広告の次の順位に地域名を冠した法律事務所が表示されれば、「おっ！」と思うはずです。この効果を狙うことも地域名を事務所に付ける理由の一つです。

　また、独立開業から間がない時期に事務所ウェブサイトが上位表示されない場合の対策が、先ほど触れたGoogleマイビジネスへの登録でした。

　このように、他の事務所と比較して距離的優位性を保てる立地を選び、事務所名を精査すれば、商圏内でのリスティング広告の必要性は低くなります。リスティング広告を検討せざるを得なくなるのは、比較的近距離の法律事務所がリスティング広告を出してきた場合や商圏内に新たに法律事務所ができてリスティング広告を出してくる場合などでしょう。

　そういう意味では、他事務所のインターネット広告の動向、自事務所のウェ

ブサイトの表示位置を定期的に巡回、調査することが重要です。「地域名　弁護士」などで検索した場合にどういった広告が出てくるかは常に気にかけましょう。

5　分野ごとの専門ウェブサイト

　離婚、相続、交通事故といった分野ごとの専門ウェブサイトを設ける法律事務所が増えています。資金的余裕のない若手弁護士の場合、専門ウェブサイトの制作はハードルが高いといえます。専門ウェブサイトを作る余裕はないが、分野別のアプローチを行いたいという弁護士のニーズに対応したのが分野別の弁護士ポータルサイトですが、こちらも出稿に費用がかかることには変わりません。

　リスティング広告と同じく、地域密着型法律事務所という事務所モデルのメリットは、この分野ごとの専門ウェブサイトを設けなくともWeb集客を行える点にもあります。他の法律事務所との競合を避け、きちんと商圏を絞れば「地域名　弁護士」「地域名　法律事務所」で検索すると、自分の事務所ウェブサイトがいずれ上位表示されるようになりますが、その場合は「地域名　弁護士　相続」「地域名　弁護士　離婚」で検索してもやはり自分の事務所のウェブサイトが上位表示されます。したがって、分野ごとの専門ウェブサイトを設けなくとも、地域住民を事務所のウェブサイトに誘導することは難しくはなく、あえて分野ごとの専門ウェブサイトを設ける必要性は高くありません。

　もちろん、分野ごとの専門ウェブサイトを設ければ、「この弁護士はこの分野に詳しいんだ」と感じた見込顧客が問い合わせをするきっかけにはなるでしょう。この分野ごとの専門ウェブサイトと類似の宣伝効果を発生させることができる方法があります。分野ごとのブログを立ち上げるのです。たとえば、「○○法律事務所の離婚ブログ」などです。「地域名　弁護士　離婚」で検索するとブログも表示されることになり、見込顧客に、「この弁護士は離婚に強いのかな」と思ってもらうことができます。

分野ごとに複数のブログを立ち上げる場合、いずれも事務所のウェブサイトと相互リンクを行うことになると思います。その際、全てのブログを同じブログサービスで作成するのではなく、ブログごとにブログサービスの提供元を変えた方がSEO対策になるといわれています。

　ブログは、読者が付くことを考えると、定期的に更新すべきですし、更新時間もできるだけ毎回固定すべきです。また、我々は職業柄行間の詰まった文章を読むことにも慣れていますが、一般の読者にとってインターネット上で行間の詰まった文章を読むのは苦痛です。数行に一度空行を入れましょう。さらに、一般の読者の立場になったとき、いきなり法律用語の解説から入ると息が詰まってしまいます。数行程度の事例を出したり、時事ニュースを取り上げてみたりといった形で導入部分を作り、そのあと解説するようにしましょう。セミナーの際のアイスブレイクと同じ発想です。記事の中に図があるとより理解が進みます。ブログ用の図をどう作成してどうブログに載せるのか分からないという場合、簡単な方法はWord、Excel、PowerPointで図を作成し、それをPrintScreenキーで画像化、トリミングすればそのまま投稿できます。

　分野ごとに複数のブログを作る場合は、更新頻度をそれぞれ週1回にしてしまうと、業務を圧迫しかねません。無理のない範囲で、たとえば、各ブログ月1回更新にし、それぞれ更新週をずらすなど工夫しましょう。

　一般的なブログサービスではカテゴリーごとに記事を分類することができます。これをウェブサイトにおけるメニューと同じように活用すると読者が迷わずに読みたい記事にたどり着くことができます。たとえば、相続ブログであれば「弁護士紹介」「事務所概要」「遺言」「遺留分」「遺産分割協議」「特別受益」などのカテゴリーを作り、記事を分類していくのです。

　ブログのトップページは、記事投稿日を2100年1月1日などにすることで固定できますから、そこにブログの説明、運営している事務所の名前、問い合わせ先（事務所ウェブサイトへのリンクも忘れずに）などを載せておきましょう。ブログ訪問者の中には、ネットサーフィンをしていてたまたまそのブログにたどり着く人もいます。ブログ名に事務所名を明記するのはもち

ろんですが、各投稿記事の本文の最初の一行目に「こんにちは、○○法律事務所の弁護士△△△△です」と明記しましょう。また、各ブログを読んだ訪問者が興味を持った場合に備えて、各投稿記事の末尾にも事務所のウェブサイトのリンクを張るのを忘れないようにしましょう。

　分野ごとのブログを立ち上げる場合、ブログのターゲットについては、事務所の商圏よりも若干広がると考えて良いでしょう。一般論として、分野を絞ると商圏を広げないと必要潜在顧客数を確保できない、Web集客は商圏を広く取りやすいといった傾向もありますが、分野ごとのウェブサイトを立ち上げている弁護士が増えているとはいえ、絶対数はまだ多くないからです。分野ごとのブログの「はじめに」「事務所について」などで広めの商圏について言及しておくと良いでしょう。たとえば、A駅周辺を商圏としている場合は、A駅のあるB市の住民をターゲットと考え、「B市で開業している弁護士です」と表記するなどです。

　なお、ブログサービスは、突然廃止されることもあります。投稿記事については、バックアップを取っておくようにしましょう。

SNSの活用

　SNSをどう活用するかもWebマーケティングでは注目されています。良く挙げられるSNSはFacebook、Twitter、LINEの三つ（最近だとInstagramも）ですが、まずSNSを広告として活用するのか信頼関係強化のツールとして活用するのかを検討する必要があります。SNS広告には、細かいターゲティングを行ったうえで広告を表示させることができる、視認性が高いなど興味深い特徴があるのですが、本書では、先述のとおりインターネット広告を出さなくても問題ないように商圏を絞っているので、広告には触れず、信頼関係強化のツールとしてのSNSについて検討していきます。

　信頼関係強化のツールとは、異業種交流会などで知り合った人（潜在顧客）と継続的な関係を続け、信頼関係を強化していくためのツールを指しています。

結論から申し上げれば、現状で信頼関係強化ツールとしての活用に適しているのはFacebookです。Twitterは匿名性故に、炎上などの思わぬトラブルに巻き込まれる危険性がありますし、140字では伝えられる内容に限りがあります。弁護士は、他の職業に比べて書き込みの正確性がより求められます。140字に納めようと不正確な書き込みをしてしまったが故に同業者から思わぬ指摘を受けて恥をかくということではマイナス効果です。LINEは、特に中高年世代にとってはまだ単なる連絡手段として活用されている側面が強く、信頼関係強化ツールとしてはあまり適していません。一方、異業種交流会で出会うような中小企業経営者や個人事業主は、Facebookを活用している傾向にあります。したがって、弁護士が潜在顧客と信頼関係を強めるためのSNSとしては、現状ではFacebookに軍配が上がるといえるでしょう。

Facebookを活用する場合、気を付けなければならないのが、過去の自分との決別です。既存の個人アカウントを利用する場合、過去に羽目を外した投稿を行っている可能性があります。Facebookをプライベートで利用する限りにおいては、公開設定を「友達限定」にすることで問題は生じなかったかもしれませんが、ビジネスツールとして活用するとなると、知り合ったばかりの人も「友達」になることでそのような投稿の閲覧が可能となります。これは好ましくありません。一度過去の投稿を振り返ってみて、削除すべきものは削除する、場合によってはいっそのことアカウントを作り直すといった対策が必要です。また、過去の自分の醜聞を知っている友人達には、今後は弁護士の信頼関係強化ツールとしてFacebookを活用するので留意してほしいと伝えておいた方が安全でしょう。

なお、個人ページではなく、事務所の公式ページをFacebook上で作成するという方法（Facebookページ）もありますが、公式ページからだと、他人の投稿に「いいね！」を押したり書き込んだりできない点に注意が必要です。公式ページは、信頼関係強化という側面より事務所情報の発信という側面が強くなります。

Facebookでどのような投稿を行うかですが、全てが弁護士業務・法律問題に関する投稿だと、「友達」は「なんだ営業目的か」と読まなくなってし

まいます。弁護士の個人ページの場合は、プライベートや軽い話題（地方の裁判所の写真や参加した交流会についてなど）を多く投稿すべきです。異業種の「友達」にも興味を持ってもらえるような話題を提供しましょう。

では、弁護士業務・法律問題についての投稿をどうするかですが、前述のとおり、Facebook活用の主目的は信頼関係強化ですから、あからさまな売込み投稿は避けたいところです。また、長文は倦厭されがちです。そこで、要点だけ投稿してあとはリンク先を見てもらうという方法があります。たとえば、ブログの更新やセミナー・無料相談会の告知について、数行ほどの説明文を投稿して詳細はリンク先を見てもらうのです。もちろんリンクをクリックしたくなるような説明文、タイトルが大切です。

Facebook上に長文投稿をしない理由はもう一つあります。Facebookでは投稿がどんどん更新されてしまうため、せっかくの有用な投稿も埋もれてしまいます。「そういえばあの弁護士おもしろそうな記事書いていたけど、いつだっけ？」と思ってもらえたときにブログなどに誘導できれば、「友達」は見たい記事にすぐたどり着くことができます。

また、Facebook上での「友達」が増えたら、自分で交流会や勉強会を企画すると親交はより深まります。Facebookにはイベント作成機能が付いており、簡単にイベント情報を告知することができます。イベントの参加希望者の集計も可能です。交流会や勉強会を企画するうえでのFacebookの良いところは、「こんな会を考えていますけど、興味ありますか」と企画段階で「友達」の意見を聞くことができる点です。企画の改善点の指摘や提案をしてもらうことで「友達」のニーズを探ることができます。場合によっては協力を申し出る「友達」も出てくるかもしれません。また、「友達」が企画する交流会などに参加すれば新たな出会いにもなります。このように信頼関係を深めていけば、「友達」が法律問題を抱えた際には連絡をくれる可能性が高くなりますし、案件を紹介してくれることも増えてきます。

ところで、Facebook上では、「友達」の投稿が表示されますが（ニュースフィード）、これは必ずしも投稿時間順というわけではありません。ニュースフィードはデフォルトで「ハイライト」という設定になっています。

Facebookの公式サイトによるとハイライト設定だと「最も多く交流している友達からの興味のある記事がより多く表示されます。投稿へのコメントや『いいね！』の数、また記事の種類（写真や動画や近況アップデートなど）に応じて、ニュースフィードに表示される可能性が高くなります。」とされています。この記載に従うと、自身の投稿をより多くの人に見てもらうためには、「友達」の投稿にも反応し交流を密にする、魅力的な投稿をすることでより多くの「いいね！」を集めるといった対策を行うことになります。

弁護士ポータルサイト

　先述のとおり、地域密着型法律事務所は、インターネット広告の競争が今後ますます激化すると見込んで、その競争に巻き込まれずに経営するために構築したモデルでもあります。そのため、弁護士ポータルサイトに有料で登録する必要性も高くありません。「地域名　弁護士」などで検索した場合、弁護士ポータルサイトよりも上位に表示されるということも珍しくはありません。

　もっとも、2017年の段階では、競争の激しい都内であっても弁護士ポータルサイトで集客を成功させている事務所もあるため、上手く活用すれば集客に役立つでしょう。資金繰りを意識しながら出稿してみるのも一案だと思います。

　弁護士ポータルサイトは、Web技術のある企業であれば参入が容易であるため、日々増えています。総合的なポータルサイト以外にも、分野別のものも普及しています。それ以外にも、相互推薦型、表彰型、記事広告型など新しい種類が出てきています。開業したらほぼ毎日どこかしらの弁護士ポータルサイトから営業の電話が入るということも珍しくありません。

　弁護士ポータルサイトへの出稿を検討する際、注意が必要なのが、そのサイト自体のWeb対策です。弁護士ポータルサイトの中にはサイト自体の広告やSEO対策が上手くなされていないと思われるものが多数あります。第1章でも触れましたが、弁護士ポータルサイトに登録した場合、事務所に問

い合わせが来るまでには、その弁護士ポータルサイト自体にまず見込顧客を呼び込む必要があり、さらに、そのポータルサイト内で自分のページにたどり着いてもらう必要があります。この第一段階について、弁護士ポータルサイトごとにかなりの実力差があります。特に新興の弁護士ポータルサイトは、「まだ登録者数の少ない今がチャンスです」と言って営業をかけてきます。そのサイト内で目立ったとしても、サイト自体のアクセス数が少ないと事務所の問い合わせにつながりません。出稿を検討する場合は、どの程度のアクセス数があるのか、アクセス数を増やすためにどのような対策を打っているのか、競合他社に対する優位性はどこにあるのかなどを説明させ、納得したうえで契約すべきです。そうしないと広告料が無駄になってしまいます。

8 メルマガ・事務所レター

　メルマガ・事務所レターも、潜在顧客に対する広告宣伝方法として良く取り上げられます。著者は、メルマガ・事務所レターについては、少なくとも開業後1～2年は、優先順位は高くないと考えています。なぜなら、メルマガ・事務所レターを送ることができる程度に人間関係ができている潜在顧客に対する有効なアプローチ方法は、対面による信頼関係の強化だと考えているからです。

　メルマガや事務所レターを作成する時間があるなら、過去の依頼者については定期的にアポイントメントを取れば良いですし、それ以外でしたら異業種交流会などで直接会える機会を模索するのが良いと考えています。過去の依頼者については、業務広告規程も訪問による営業を禁止していません（第5条柱書）。まだそれほど親しくなっていない相手に対しては、一方的なメルマガ・事務所レターの送付よりもFacebookによる双方向性のある交流の方が良いと考えています。また、開業当初はメルマガ・事務所レターの送り先自体が少なく、労力に見合うだけの成果が上がるか未知数です。さらに、メルマガの場合、送付先メールアドレスを獲得すること自体が、そう簡単ではありません。以上の理由から、著者はメルマガ・事務所レターについては、

それほど優先順位は高くないと考えています。

　なお、メルマガ・事務所レターを発行する場合、相手に開封してもらえなければ意味がありません。開封してもらうためには、相手に刺さるタイトルが必要となります（事務所レターであれば封筒に目を引くトピックを記載すべきでしょう）。

　しかし、たとえば、歯科医のメルマガ・クリニックレターの場合、「健康的な歯」という送付先の共通した関心事を想定できます。税理士の場合も、「節税方法」という共通した関心事を想定できます。しかし、弁護士のメルマガ・事務所レターの送付先は、様々な業種の中小企業経営者・個人事業主というパターンが多いでしょう。それぞれの関心事は相当程度に異なっており、全員に刺さる文章を定期的に書くというのはなかなか難しいものです。逆にたとえばマンション管理組合や不動産業者に対象を絞ったメルマガ・事務所レターということであれば、刺さりやすいといえるでしょう。

　なお、念のため関係する業務広告規程を掲載しておきます。

業務広告規程第5条第2項
　弁護士等は、面識のない者に対し、その者の承諾を得ないで、電子メールによる広告をしてはならない。

第1項
　弁護士等は、面識のない者（現在及び過去の依頼者、友人、親族並びにこれらに準じる者以外の者をいう。以下同じ。）に対し、訪問又は電話による広告をしてはならない。（以下略）

9　インターネットメディアへの露出

　メディアへの露出は、知名度を上げる手段として有用です。しかし、独立開業したばかりの弁護士がテレビやラジオに出演するというのは困難でしょう。

　一方、インターネットメディアの場合はまだ露出のハードルが低いといえます。たとえば、SEO対策の項で取り上げた「弁護士ドットコムニュース」

COLUMN ⑭ 顧問先の開拓

　改めて述べるまでもないことですが、顧問先が増えると固定収入が入るようになるので、経営は安定します。また、顧問先からの案件の紹介は、弁護士の伝統的な受任経路です。

　どのように顧問先を獲得するかは業界の永遠の悩みだと思いますが、無理をして顧問契約に持ち込んでも短期的に解約されてしまってはむしろマイナスです。顧問契約の必要性を感じてもらえず解約ということになると、相手側も申し訳ないという思いが残り、その後疎遠になる可能性が高いでしょう。そうなると、顧問契約を締結するよりも、定期的に単発の依頼を受けた方が結果的には良かったということも起こり得ます。

　そのように考えると、あいさつ回りや異業種交流会の項で述べたことの繰り返しになりますが、いきなり顧問契約の話を持ちかけるよりも、信頼関係を築くことの方が肝要です。まずは何度か相談を受け、信頼関係を構築した後、「継続的にご相談案件があるようでしたら顧問契約という選択もありますよ」といった形で提案するのが自然だと考えます。スムーズなのは、交渉・訴訟案件を受任→解決→（相手が満足感を得ている状態で）顧問契約の提案という流れでしょう。

　もちろん、ただ漫然と「待ち」の姿勢では相手も顧問契約を結ぶメリットが分からないでしょうから、準備は必要になります。たとえば、顧問契約のメリットや内容を記載したチラシを常に鞄の中に入れておいたり、事務所の相談スペースの目立つ場所に備え付けておいたりし、いつでも説明できるようにしておくべきです。また、世間話の中で、相手の会社が抱えていそうな法律問題について触れてみるという手もあります。たとえば「同一労働同一賃金のニュースが報じられていますが、最近うちの事務所でも就業規則の見直しについて相談を受けるケースが増えています。たとえば……」などと話を振れば、相手にとっても有益な情報でしょうし、仮に自社では対応できないということであれば（いうまでもありませんが、中小企業の多くは法的リスクへの対策は未整備です）、「じゃあ引き続き相談してみようかな」という気になりやすいものです。そこか

ら顧問契約の話につなげていけば自然な流れで商談が進みます。

　また、受任していた案件が終了した後も、継続的なアプローチが重要です。その手段として、メルマガや事務所レターを活用する方法もあります。しかし、筆者は、直接話をすること以上に効果的なアプローチはないと考えています。親しくなった経営者、過去の依頼者についてリストアップし、定期的に連絡を入れましょう。この連絡を五月雨式に行うと他の業務に支障を来す可能性があります。この点については、たとえば、月に一度電話連絡日を設けて10社に連絡すると決めるといった方法が考えられます。そして、できれば直接面会する許可を得ましょう。訪問に限らずビジネスランチでもお茶でも構いません。面会する際は、何かしら相手のメリットとなる資料を持参するのが良いでしょう。難しく考える必要はなく、A4用紙1枚程度の資料で十分です。要は、相手との話題作りのためのツールと考えていただければ結構です。内容も、債権法改正の動向、同一労働同一賃金の動向、パワハラの基準など相手が興味を持ってくれそうなものであれば問題ありません。このように地道な活動を続けていけば、いずれ顧問先は増えていきます。

　なお、信頼関係のできていない企業からいきなり顧問契約を持ちかけられたら、それは何か裏があるのではないかと一応怪しむべきです。顧問契約を餌に高額な商品を売りつけるつもりかもしれませんし、何より非弁提携には気を付けなければなりません。

　せっかくなので非弁提携についても触れておきたいと思います。独立開業間もない弁護士は、非弁提携に巻き込まれないよう気を付けろと良く言われます。上手い話には気を付ける、必要以上におだててくるような相手には気を付けるなど色々な注意点を聞きますが、著者の事務所に来た怪しげな依頼者の事例を、若干事実関係をぼかしながら紹介します。

　その依頼者は、会社の経営者という肩書で、自社の契約書が不安なので確認してほしいという内容で事務所に予約を入れてきました。相談に来ると、やたらと著者の過去の経歴を聞きたがる、問題を抱えて相談に来たはずなのに明るく饒舌、弁護士の知り合いが他にもいると自慢する、色々なところにコネクションがあることを強調するなど普通の相談者と違う点がいくつか見られました。しかし、その時点での依頼内容は普通の契約書のチェックでしたし、知り合い

の弁護士ではなく著者の事務所に来たのも、相談者の自宅が近所だからだろうと思い、相談料＋αの手数料で依頼を受けることにしました。数日後、契約書チェックを終え、再度事務所に来てもらい相対したのですが、依頼していたはずの契約書の中身についてはほとんど興味を示さず「今回は助かりました。先生とは今後も末永く付き合っていきたいです」「私も色々手掛けているので何か先生とも協力できることがないかなと考えているんです」など話し始め、飲みに誘ってきました。怪しい雰囲気を感じたので、「おかげさまで忙しいので協力関係とか不要ですよ」とやや突き放す形でお引き取りいただきました。

実際にその依頼者が本当に危ない依頼者だったのかは分かりませんが、一回簡単な依頼をして人間関係を築き、本命の危ない依頼を断りにくくするという手法は、弁護士を危険な道に引き込む常套手段なのだろうと感じました。分野は違いますが、取込詐欺の発想に似ていると感じました。

や「シェアしたくなる法律相談所」など、弁護士が取材協力・執筆するメディアがあります。インターネットメディアに露出したからといって事務所の相談が増えるかというと、必ずしもそうとは限りません。特に地域密着型法律事務所の場合、商圏を絞っている関係上、ターゲットがそれらの記事を閲覧する可能性は高くないため直接的には新規案件獲得にはつながりにくいといえます。

しかし、メディアに登場したという事実を事務所ウェブサイトで告知することはできます。これは、事務所ウェブサイトを訪れた人に対して弁護士の信用力を上げる効果があります。また、先述のとおり、インターネットメディアに登場した場合、記事の末尾に事務所ウェブサイトのリンクを張ることができる場合が多いと思いますが、相互リンクによるSEO対策としても機能します。独立開業当初は、時間的には余裕があるはずですから、こういったメディアへのアプローチを考えても良いでしょう。それらの媒体が特に募集をかけていなくても問い合わせてみれば執筆者リストに掲載してくれる可能性があります。

第5章 独立開業に求められる10のマインド

第5章　独立開業に求められる10のマインド

　弁護士人口が少なかった時代は、深く考えずとも経営上追い詰められることは滅多にありませんでした。しかし、弁護士間の競争が激化する時代には、売上が思うように上がらず廃業に追い込まれる弁護士も増えてきます。事務所を維持し、発展させるためには、立地や広告宣伝といった具体的な戦略・戦術も大切ですが、精神面も無関係ではありません。

　本書の最後に、独立開業する弁護士に求められるマインドについて言及したいと思います。著者自身は優れた経営者ではなく、偉そうなことをいえる立場にありません。本章での記載は、著者の経験というよりも、過去著者が師事した起業家・経営者から学んだことを弁護士にあてはめたものです。

　中には性格的なものもありますが、性格はそう簡単に変えられるものではありません。

　たとえば、「人との交流を厭わない」という項目を挙げていますが、著者自身は初対面の人と話すのが苦手ですし、大人数の立食パーティーも本当は好きではありません。特に既に出来上がっているグループに分け入っていくとなると膨大なエネルギーを使い、パーティー翌日の午前中は、大体ダウンしています。ですが、事務所の経営に必要なのだと発破をかけ、何とか前に出るようにしています。

　このように、性格自体は変えられずとも必要に迫られて演技をすることは可能です。

1　起業家マインド

　「起業」という言葉には、本来、事業を起こすという意味しか含まれておらず、会社設立に限定して使われる言葉ではありません。ですが、我々弁護士が独立開業する際、「起業」という言葉はほとんど使われません。「起業」という言葉にビジネスや儲け主義のニオイが出てしまい、倦厭されるのかもしれません。弁護士という職業の公共性に鑑みれば、確かに営利一辺倒になることは望ましくありません。

　しかし、利益が出なければ事務所を維持できませんし、独立開業も事業を

起こすことには違いありません。したがって、多くの起業家と同じく、独立開業する弁護士も起業家としての意識を持つ必要があります。

　起業家としての意識といわれても抽象的で中身が判然としません。具体的な中身は後記の各項目のとおりなのですが、ここでは、弁護士としての意識と経営者としての意識を明確に分けていただきたいという意味です。独立開業した以上、中小企業やベンチャー企業の社長と同じ土俵に立って事務所経営について考える必要があります。事務所存続のためには、プライドをかなぐり捨てて地べたを這うようなことも必要となり得るということです。

経営について自分で考え、決断する

　イソ弁というのは、所属する事務所の案件をきちんと処理していれば基本的には給与を得ることができる存在です。一方、独立開業すると、案件を自分で獲得する必要があります。そして、そのためにどのように行動するのか、広告宣伝などに費用をどの程度かけるのか、といったことを自分で判断しなければなりません。イソ弁時代と比べて、弁護士業以外の事柄に割かなければならない時間が大幅に増えます。

　もちろん、昨今はコンサルティング会社や広告代理店が様々な提案をしてくるので、言われるがままということも不可能ではありません。しかし、彼らは成功を、結果を約束する存在ではありません。また、中には弁護士を「カモ」と見ている業者もあります。したがって、自分の事務所のことは、あくまで自分で判断していく必要があります。

　独立開業に失敗する最近の弁護士の特徴の一つとして、他の弁護士のやり方をそのまま踏襲するというものを挙げることができます。たとえば、開業地域について、他の弁護士も開業しているから事務所が一つくらい増えても大丈夫だろうと、市場の分析もせず、また、顧客獲得の具体的なイメージも持たずに安易に決めてしまうようなパターンです。あるいは、経営セミナーなどでインターネット広告を出して成功した弁護士の事例を聞いたため、特に疑いもせず営業で訪問してきたインターネット広告業者と契約してしまう

ようなパターンです。いずれも問題があることは、本書をここまで読み進めていただければお分かりいただけるでしょう。

確かに、弁護士人口が少なかった時代は、先輩弁護士のやり方を真似していれば何とかなりました。それだけ業界に余裕があったからです。しかし、競争が激化するこれからは、それでは後塵を拝し事務所を維持できません。同業者とどう差別化するか、どう新規開拓していくかを、市場を分析し自分で決断していく必要があります。本書では、そういった時代に対応した独立開業のモデルを提案してきましたが、最終決定は独立開業する弁護士自身が行うのだと意識していただければと思います。

リスクを受け入れる

前項とも関連しますが、経営について自分で考え、決断しようとすると、当然リスクが生じます。リスクを全て回避しようとすると、積極的な戦略・戦術を採ることができなくなります。

我々弁護士は、判例という前例を分析して見通しを立てたり、法的なリスクを回避する手段を考えたりすることを生業としています。そのため、他の職業に比べ、リスクを忌避する傾向が強いように思います。しかし、競争社会においては、リスクを取らなければリターンは得られません。

リスクに対する恐怖感は、リスクを取った場合の最悪の事態を想定することで緩和することができます。たとえば、独立開業というのは我々にとって極めて大きなリスクですが、仮に失敗したとしても命まで取られるわけではありません。知り合いの弁護士に頭を下げてノキ弁にしてもらったり、廃業してもアルバイトで生活したりという手段もあります。

また、リスクを分析する際、希望的観測は禁物です。人は不安から逃れるために無意識に不都合な事実から目を背ける傾向があります。その危険性については、2016年にヒットした映画「シン・ゴジラ」のセリフが的を射ていますので引用します。

「大臣、先の戦争では旧日本軍の希望的観測、机上の空論、こうあってほ

しいという発想などにしがみついたために、国民に300万人以上の犠牲者が出ています。根拠のない楽観は禁物です。」

これは経営にもあてはまります。

また、リスクを最小限に抑えるために戦力を逐次投入することは悪手であるという軍事戦略論の鉄則も経営においてもあてはまります。たとえば、無料法律相談会を実施する際、チラシを少量撒いても効果は薄いです。一旦無料法律相談会を実施すると決めたら、地域住民が相談会開催の告知を何度も目にするように経営資源を集中する必要があります。

独立開業すると、今撃って出なければジリ貧に陥ってしまう、そんな場面に直面することもあります。そういうときは、考え得るベストな選択かを分析したうえで、最後はリスクを取る覚悟が必要になります。

4 「でも」で終わらない

アイディアや計画に対して問題を指摘することは簡単なことです。完璧なアイディアや計画などないのですから。ディスカッションの必勝法は、まず相手に長々と自説を述べさせ、矛盾を指摘し続けることだといわれています。

しかし、経営においては、問題を指摘するだけでは身動きが取れません。「でも」とできない理由を探すのではなく、どうすればその問題をクリアできるのかを考える必要があります。経営者は無責任な評論家ではありません。

5 成功体験に固執しない

人は一度ある方法で成功すると、その方法に固執する傾向があります。ジンクスや勝ちパターンといわれるものもこの傾向の表れでしょう。

しかし、成功が偶然だったということもあり得ます。また、時代の変化と共に状況が変わり同じ方法では成功できなくなる可能性もあります。経営方針、各営業・広告宣伝方法について、常に分析・検証し、改善・改革の必要がないか検討する必要があります。

ゼロベース思考

　成功体験や先例に固執せずに考える方法がゼロベース思考です。ゼロベース思考は、偏見や思い込みを排し、ゼロから考える方法です。完全にゼロから考えることは不可能でしょうが、常識を疑ってみることはできるはずです。その常識に根拠があるのかを一つ一つ検証していく姿勢が大切です。本書の中でも、弁護士は本当に過剰か、事務員は本当に必要か、地域密着とはどういうことかなどについて取り上げてきました。

　我々弁護士は、「べき論」に囚われやすい傾向にあるように思います。弁護士はこうあるべきだとか、司法試験に受かったのだからとか良く分からないプライドが無意識のうちに思考を邪魔します。プライドで飯は食えませんし、依頼者を救うこともできません。

 ## 孤独に慣れる

　経営者は孤独であるというのは良く聞く話ですが、独立開業した弁護士にもこれはあてはまります。イソ弁・ノキ弁時代は、受任している案件について、ボス弁・兄姉弁に相談することができますが、独立開業すると全て自己責任で対応していかなければなりません。

　また、事務員を雇わず一人で開業すると、孤独との闘いはより大きな課題となります。依頼者と面談している時間、法廷に立っている時間などを除けば、執務中はほぼ一人です。

　孤独との関係で良く問題になるのが、生活リズムの維持です。一人で事務所経営をしていると、時間の制約がなくなり、生活のリズムが崩れがちです。生活リズムの乱れは、精神衛生上も良くありません。孤独によるストレスと生活リズムの乱れが重なると事務所経営の意欲が減退してしまいます。

　孤独に対する処方箋は、やはり気心の知れた友人などと交流することだと思います。交際費が嵩んでしまいますが、健全に生活するための必要経費だ

と割り切ることも大切です。

仕事のオンオフを区別しない

　仕事のオンオフを区別しないと書くと「24時間働けますか？」という高度経済成長期の「モーレツ主義」的なキャッチフレーズを思い浮かべてしまいますが、常に仕事をするということを述べたいわけではありません。オフのときも頭の片隅で仕事モードを待機させておくということです。

　友人と飲み会で話している最中に仕事につながることがあります。町を歩いていると思わぬ広告手法を発見することがあります。電車の広告からアイディアが湧くこともあります。ビジネスチャンスは日常の中に転がっており、アンテナを張り続けられるかは重要なことです。

人との交流を厭わない

　独立開業すると、自分で案件を開拓しなければならないため、営業力が必要になります。営業をしなくとも、上手くやれば広告宣伝で集客できると思われるかもしれません。しかし、最終的には見込顧客と対面し、契約内容を説明して契約締結に漕ぎ着けなければなりません。

　第3章で地域活動や異業種交流会について取り上げましたが、積極的に新規案件を開拓しようとすると全く知らない人たちの輪の中に入っていくことが不可避となります。

顧客志向

　顧客志向という言葉も弁護士業界で最近良く耳にする言葉です。顧客のメリットや顧客満足度を中心にしてサービスを考えるということですが、当たり前のことのように思えます。しかし、「第2章14　営業時間」で取り上げたとおり顧客志向の徹底はそう簡単ではありません。ここでも一つ例を挙げ

てみましょう。

　たとえば、弁護士会などの研修を受講して自己研鑽に励むという弁護士は多いと思います。しかし、研修を受けながら、「あ、これはあの社長に話したら喜んでもらえるだろうな」とか「これは、こう噛み砕いたら依頼者に理解してもらえそうだ」といったレベルで考えている弁護士はどれだけいるでしょうか。確かに、我々は専門業なので、まず自分自身の能力向上が依頼者のメリットにつながります。しかし、それだけに留まらず、自己研鑽の最中でさえ、その先の顧客のことを考えるというのが顧客志向ではないかと考えます。

　先ほど、仕事のオンオフを区別しないと述べましたが、常にアンテナを張っておき顧客に良い情報はないかという視点で考えることは重要です。世間話で使うためのネタ帳を作るというのも良いでしょう。

　ところで、マチ弁はあまり日経新聞を購読していない傾向があるように思います。民間企業では、営業職の新入社員はもちろん、就活生でさえ最低限日経新聞を購読するように言われます。経済動向について最低限の情報をインプットしておかなければ常識を疑われるためです（したがって、必ずしも情報を日経新聞から得なければならないわけではありません）。また、日経新聞の中でも「私の履歴書」は、中高年以上の経営者層には人気で、世間話の中で出てくることも度々あります。

　独立開業する弁護士は比較的若い層が多いですが、法人顧客となり得る中小企業の経営者の多くは、自分たちよりも一世代以上年上の世代です。その世代がどういったことに関心があるのかは、個人としては興味なくとも情報として仕入れておくべきです。書店でも、法律書コーナーだけではなく、ビジネス書の売上ランキングくらいは把握するようにしましょう。

　また、弁護士はビジネスマナーがなっていないと良く言われます。たとえば、業界内に弁護士時間というものがあると聞きます。弁護士時間とは、弁護士は約束の時間に遅刻してくるということを表した言葉だそうです。業界外でこのような態度が論外なのは言うまでもありません。約束の時間に遅れるというのは、相手の時間を無駄にするということです。弁護士自身も特に

成果が上がらない相談でも30分5000円請求しているわけですから、時間がタダではないことは認識しているはずです。相手の時間を奪うということは相手の行動機会を奪うということであり、罪深いことです。経営者や政治家の中には、約束の時間にあえて遅れていくという人がいます。相手に自分の方が立場が上だと認識させるためです。独立開業して間もない弁護士が、一定の成功を収めている経営者や政治家と同じ態度を取って良いはずがありません。万が一約束の時間に遅れる場合は、必ず遅刻する旨のお詫びの連絡を事前に入れるべきです。この際、どの程度遅れるか伝えるのが常識ですが、若干長めに伝えるべきです。5分遅れると言っておきながら10分遅れるようでは、目も当てられません。そして、到着したら言い訳せずにまず率直に遅刻したことを詫びるべきです。

その他、弁護士の非常識さについて異業種の方から苦言を呈されることが度々あります。最低限、弁護士会などで行われているマナー講習程度は受講されることをお勧めします。

COLUMN ⑮ 独立開業のすゝめ

本章では色々と厳しいことを述べましたが、著者はそれでも独立開業をお勧めします。独立開業の最大の魅力は自由の獲得です。

弁護士法などの規範を遵守し、利益を出すことさえできれば自分の思うように働くことができます。ボス弁の理不尽な指示に従う必要もありませんし、古参の事務員との人間関係に胃を痛めることもありません。仕事量に比べて給与が低いと嘆く必要もなければ、事務所を追い出されたらどうしようという漠然とした不安からも解放されます。

依頼についても、受任義務がある場合を除けば、自己の信念に反するようなものは、遠慮なく断ることができます。逆に、自分が取り組みたい案件には利益を度外視して徹底的に注力することもできます。

働き方についても、成果さえ出せば完全に自由です。誰かに拘束されること

はありません。期日などを調整すれば長期休暇を取ることもできますし、気が乗らない日は、予定が入っていなければ誰に気兼ねすることなく休むこともできます。著者も、開業2年目にして約2か月間、既存の案件のみ対応し新規の案件は断るという形で弁護士業と関係ない活動に専念していた時期があります。

事務所のデザインを自分の好みで行うことができますし、事務所が軌道に乗れば気に入った家具や絵画を購入して事務所をカスタマイズしていくことが可能です。好きな音楽を流しながら執務することもできますし、音楽に合わせて歌を歌っても恥ずかしくありません。自己責任で奇抜なファッションをすることもできますし、最近話題のYouTuberになることもできます。

また、地域密着型の法律事務所は、同業者に依存する必要がないモデルです。仕事を求めて業界内営業を行う必要もありません。地域と向き合えば良いのです。派閥や業界内の人間関係に気を使うことなく自由に行動することができます。会長選挙の電話かけに駆り出される必要もありません。

売上が上がるか不安に思うかもしれませんが、弁護士業界は他の業界に比べてまだまだ恵まれています。本書の中で述べてきましたが、開業地域を精査するだけで競合と差別化できる業界はそうないでしょう。きちんと市場を調査・分析したうえで開業すれば事務所を軌道に乗せることは難しくありません。自分が立てた仮説に基づいて営業・広告宣伝活動を行い、売上に結び付けば充実感がありますし、売上増は自己の所得増に直結します。さらに、地域密着型の法律事務所の場合は、足腰の弱くなったお年寄りなどから感謝される機会も多く、社会的意義もあります。開業しているだけで涙ながらに感謝される経験というのはなかなか得がたいものではないでしょうか。

以上のように、独立開業した弁護士ほど自由を謳歌できる職業はなかなか見当たりません。ですから著者は、自由な生き方を求める方には独立開業をお勧めします。

あとがき

　著者が独立開業を決意した約4年前、業界内では既に「弁護士が増えすぎた」「業界はもう飽和状態だ」といった論調が強まっていました。法律事務所の裁判所周辺への密集状況に疑問を持っていた著者は、そういった論調に違和感を覚えていました。弁護士の数を絞るということは、供給される法的サービスの量が減ることを意味し、市民社会に影響を与える、そうであるならば本当に需要がないのかきちんと精査すべきだ、と。

　そして、潜在的な需要はまだ十分にあると確信していた著者は、地域密着型の法律事務所を開業し、自己の仮説を検証することにしました。その検証結果を「弁護士松本常広が東京都内で独立開業したら何とかなった件」(https://ameblo.jp/musakolaw/) という体験談ブログで公表し始めたのが2017年1月です。もっと多くの若手弁護士に伝えたいと思っていたところ、良縁に恵まれ書籍化の機会をいただくことができました。

　地域密着型法律事務所の利点の一つは、商圏が被らなければノウハウを開示しても影響がないことです。むしろ、情報を共有しアイディアを出し合った方がノウハウをより良いものにすることができます。本書には、著者が悩みながら作り上げた経営手法や営業・広告宣伝方法を余すところなく盛り込みました。本書を活用していただき、さらに各手法をアップデートしていただき、全国に地域密着型法律事務所が増えてくれれば著者にとってこの上ない喜びです。

　最後に、無名で実績もない若手弁護士にすぎない著者が本書を刊行できたことは、本当に幸運なことでした。株式会社ぎょうせいの皆様及び東京都弁護士協同組合　平岡裕様には、企画から最終校正に至るまで大変お世話になりました。この場を借りて御礼申し上げます。

2017年10月

　　　　　　　　　　　　　　　　　　　　　弁護士　松本　常広

■著者紹介

松本　常広（まつもと・ときひろ）

弁護士（新64期・東京弁護士会所属）

　一橋大学社会学部卒業後、ベンチャー企業勤務、フリーター経験を経て早稲田大学大学院法務研究科に入学。2011年弁護士登録。都内法律事務所、国会議員事務所（政策担当秘書）勤務後、2014年東京都品川区にて武蔵小山法律事務所を開業。以来地域に密着した弁護士として活動中。出身は山口県宇部市。

■勉強会のご案内■

　若手弁護士向けに地域密着型法律事務所の独立開業勉強会を計画しています。詳細はブログをご覧ください。

ブログ：弁護士松本常広が東京都内で独立開業したら何とかなった件
　　　　https://ameblo.jp/musakolaw

"地域密着型"モデルで勝ち抜く
実践！　法律事務所経営マニュアル

2017年11月30日　第1刷発行
2023年 1月20日　第4刷発行

著　者　松本　常広

発　行　株式会社ぎょうせい
　　　　〒136-8575　東京都江東区新木場1-18-11
　　　　URL：https://gyosei.jp

　　　　フリーコール　0120-953-431
　　　　ぎょうせい　お問い合わせ　検索　https://gyosei.jp/inquiry/

〈検印省略〉

印刷　ぎょうせいデジタル㈱　　　　©2017 Printed in Japan
※乱丁・落丁本はお取り替えいたします。

ISBN978-4-324-10421-7
(5108386-00-000)
〔略号：地域法律事務所〕